Clés d'accès au XXIIe siècle

Tome 2. De nouveaux matériaux pour de nouveaux futurs

Jean-François Simonin

Clés d’accès au XXIIe siècle

Tome 2. De nouveaux matériaux pour de nouveaux futurs

L'Harmattan

Du même auteur

Anticiper à l'ère de l'anthropocène. Apprendre à défataliser l'avenir au XXIe siècle, L'Harmattan, 2016.

Clés d'accès au XXIIe siècle. T. I. La destruction créatrice, une illusion ravageuse, L'Harmattan, 2017.

5-7, rue de l'Ecole-Polytechnique, 75005 Paris

http://www.editions-harmattan.fr

ISBN : 978-2-343- 13306-5
EAN : 9782343133065

« Là où croît le péril croît aussi ce qui sauve. »

Hölderlin

Sommaire

Principaux termes utilisés

TGE : Très Grande Entreprise. Employé pour désigner les plus grandes entreprises, souvent d'envergure multinationale.

Horizon BH22 : Biosphère et Humanité à l'horizon du XXIIe siècle. C'est le fil conducteur de cet essai. Il s'agit, au moyen de ce concept, de focaliser l'attention sur les retombées, à l'horizon du XXIIe siècle, c'est-à-dire à un siècle de distance, des principales stratégies de transformation du monde actuellement en déploiement.

Principaux acteurs de la mondialisation : principaux moteurs d'innovation, de croissance, de transformation vis-à-vis des changements d'envergure mondiale. Renvoie, pour les 100 plus importants d'entre eux, à environ 50 entreprises multinationales, 40 grands États et une dizaine d'institutions diverses, dont les représentants de la société civile mondiale, certaines ONG, l'Église catholique, certains représentants du crime organisé, comme la mafia ou, actuellement, Daesh.

Civilisation occidentale (CO)* et *humanité : la civilisation occidentale est vue ici comme une civilisation qui s'étend jusqu'à remettre en cause la capacité de survie d'autres types de civilisation. Elle est à l'origine des principales évolutions de l'humanité dans son ensemble, mais aussi des principaux dérèglements qu'il s'agit ici de pointer. C'est pourquoi elle a un rôle et une responsabilité bien particuliers vis-à-vis de l'avenir de l'humanité.

Technico-économique : ensemble des forces qui orientent actuellement le développement de la civilisation occidentale. Sachant que selon le point de vue qui prévaut dans la présente analyse, ces deux principales forces sont la recherche d'innovations technoscientifiques et la recherche de croissance et de profit dans la logique libérale telle qu'elle se déploie sous nos yeux depuis deux siècles, et plus spécifiquement encore depuis deux décennies environ, c'est-à-dire depuis que nous sommes entrés dans une économie à la fois franchement mondialisée et financiarisée.

Enjeux de civilisation : désigne les enjeux les plus significatifs pour l'avenir de l'humanité, c'est-à-dire les situations, phénomènes ou dangers pour (et par) lesquels une évolution incontrôlée pourrait porter atteinte aux conditions de vie d'une part importante de l'humanité, ou remettre en cause la possibilité d'envisager un avenir de long terme.

Introduction

« Il est plus facile d'imaginer la fin du monde que la fin du capitalisme », a plaisanté Frederik Jameson au moyen de cette formule devenue célèbre. Et de fait, il semble impossible de stopper le déferlement technicoéconomique contemporain. Le déluge d'objets qu'il occasionne donne le sentiment de ne pouvoir mener à rien d'autre qu'à un naufrage collectif - sentiment renforcé par la conscience claire que nous avons à présent d'être entrés dans l'ère de l'anthropocène. Des centaines de voix s'élèvent pour exprimer l'idée que notre système productif et consumériste actuel n'est pas viable sur le long terme, mais aucune autre stratégie collective significativement alternative n'est parvenue à s'imposer. Pourtant tout pourrait peut-être changer rapidement ; l'histoire témoigne de quelques exemples de retournements soudains de civilisation, de quelques exemples de reproblématisations généralisées qui ont engendré des révolutions complètes dans la façon d'envisager les choses, et donc l'avenir. L'histoire du christianisme en est une bonne illustration - par la façon dont il a modifié la conception de la vie terrestre pour des millions d'êtres humains, et notamment par la façon dont il a bouleversé la perception du partage entre vie présente et vie future. La naissance et le développement de la science moderne, à la Renaissance, en offrent un autre exemple. L'invention du concept de *progrès*, dans le sillage des Lumières, a également suscité de profondes redistributions des cartes pour l'ensemble de la civilisation occidentale à partir de la fin du XVIIIe siècle. L'apparition et la propagation du capitalisme, d'abord dans les marges des sociétés féodales, plutôt donc en parasite de la féodalité, au départ, est une autre manifestation de la capacité humaine à tout reconsidérer, tout repenser, à reproblématiser l'ensemble de l'aventure humaine pour mettre l'humanité sur de nouveaux rails. Saurions-nous refaire aujourd'hui, au début du XXIe siècle, ce que nous avons fait à la Renaissance ou dans la suite des Lumières ? Sommes-nous capables d'imaginer les nouveaux rails qui permettraient de réorienter durablement les démocraties libérales sur des chemins sécurisés, en premier lieu pour leur propre survie, par exemple à horizon BH22 ? En fait, il est possible, comme le dit Edgar Morin, que tout soit déjà en marche.

> Tout, en fait, a déjà commencé, mais sans qu'on le sache. Nous en sommes au stade des préliminaires modestes, invisibles, marginaux, dispersés. Il existe déjà, sur tous les continents, en toutes les nations, des bouillonnements créatifs, une multitude d'initiatives locales dans le sens de la régénération économique, ou sociale, ou politique, ou éducationnelle, ou éthique, ou existentielle. Mais tout ce qui devrait être relié est dispersé, séparé, compartimenté. Ces initiatives ne se connaissent pas les unes les autres, nulle administration ne les dénombre, nul parti n'en prend connaissance. Mais elles sont le vivier du futur. Il s'agit de les reconnaître, de les recenser, de les collationner, de les répertorier afin d'ouvrir une pluralité de chemins réformateurs. [1]

Pour Morin, cet effort est nécessaire à la fois pour comprendre comment doit se décomposer notre « voie actuelle », suicidaire, et comment devra se recomposer « la voie nouvelle » susceptible de remettre l'humanité sur un chemin qui fera sens pour tous. Il parle de « multiplier les processus de communications et de planétarisations culturelles » pour que se dessine la conscience d'une communauté de destin. Certes, il n'existe pas de véritable pensée anticipatrice, mais il existe de nombreuses

---

[1] Edgard Morin, *La voie, pour l'avenir de l'humanité*, p. 34.

manifestations d'une recherche d'anticipation, de nombreux signes de métamorphose.

Il faut, dit Morin, miser sur l'improbable. Le probable, dit-il, est ce qui doit arriver, pour un esprit humain disposant des meilleures informations à sa disposition, à un moment donné, en un lieu donné. Mais le probable n'est pas l'inéluctable. L'histoire l'a prouvé cent fois. Nous devons donc garder espoir dans l'improbable. Morin illustre, grâce à l'exemple de la chrysalide, un type de métamorphose qui pourrait s'appliquer à une civilisation. « Vous voyez une chenille entrer dans une chrysalide. Que se passe-t-il dans cette chrysalide ? Cette chenille va commencer par s'autodétruire tout en gardant son système nerveux, et ce processus d'autodestruction est en même temps l'autoproduction et l'autocréation d'un être nouveau qui est pourtant le même ; il a la même identité, mais il est tout à fait différent dans ses qualités et ses aptitudes. Et quand la chrysalide s'ouvre, eh bien, c'est un papillon qui apparait et qui prend son vol[2]. » Morin applique cette métaphore à l'évolution du système terre : apparition de la vie, apparition de l'homme, sédentarisation, âge axial, États-nations, ont représenté de telles métamorphoses. « Tout n'a pas été un progrès, parce que beaucoup de qualité humaines ont été perdues avec les sociétés archaïques, et beaucoup de violence et de destruction sont arrivées avec les sociétés historiques. Mais ce que je veux remarquer, c'est qu'il est arrivé un moment « historique » où des forces de métamorphose se sont exercées[3]. » Peut-être sommes-nous à un moment de ce type, dit Morin. Un système qui ne parvient plus à traiter ses enjeux vitaux, comme le nôtre actuellement, ou bien doit se désintégrer, ou bien se métamorphoser en un méta système plus riche,

---

[2] Edgar Morin, *Ecologiser l'homme*, p. 126-127.
[3] *Ibid.*, p. 127.

plus complexe, capable de traiter ces enjeux vitaux. La métamorphose qui nous attend, dit-il, est peut-être dans cette « société monde » qui tarde tant à éclore. « Là où croit le péril, croit aussi ce qui sauve » avait dit Hölderlin. Peut-être que plus nous approchons d'une catastrophe, plus nous pénétrons dans l'anthropocène, plus nous nous rapprochons d'une métamorphose.

Peut-être la prise de conscience d'une communauté de destin terrestre, en ce début du XXIe siècle, pourrait-elle devenir un évènement d'une portée telle qu'elle préparera à une reconfiguration globale de nos échelles de valeurs et de nos politiques d'action collective. Certes les intérêts économiques, les logiques technoscientifiques, les institutions sclérosées, les blocages culturels constituent de sérieux obstacles pour une telle prise de conscience. Il n'existe pas un seul gouvernement au monde qui ait fait de la condition écologique contemporaine le cœur d'un renouvellement de ses pratiques politiques ; pas un gouvernement qui ait proposé une réelle prise en compte des inégalités croissantes de par le monde ; aucune instance internationale dont la vocation consisterait à se préoccuper de l'avenir de l'humanité au sens global du terme. Il faut cependant rester confiant dans la possibilité d'un revirement à ce sujet, revirement qui pourrait être favorisé par l'urgence de la situation écologique et anthropologique actuelle et par les nouveaux moyens de communication interplanétaire qui peuvent nous renseigner en temps réel sur l'état global du monde. Il est aussi possible que la faiblesse de nos analyses et de nos stratégies à l'égard du présent et de l'avenir provienne d'une certaine paresse intellectuelle face à un monde qui se complexifie. Nous avons donc à porter un surcroît d'attention aux diverses manifestations d'un avenir qui cherche peut-être à se reconstruire, fut-ce hors des sentiers battus et des arènes officielles de l'éco-culture contemporaine. Ce surcroît d'attention est précisément l'objet du présent essai.

La destruction créatrice, une illusion ravageuse, le premier volume de *Clés d'accès au XXIIe siècle,* a mis en exergue les contradictions des pratiques néolibérales contemporaines. Il a insisté sur les rétrécissements d'horizons occasionnés par les plus grands acteurs de la mondialisation, rétrécissements qui pourraient aller jusqu'à boucher définitivement les perspectives de la civilisation occidentale si cette civilisation ne trouve pas le moyen de reprendre en main ses schémas directeurs commerciaux, industriels et financiers. Il a mis en évidence la nature profondément écocidaire et génocidaire des logiques actuellement à l'œuvre dans l'économie mondialisée. Mais il a aussi montré qu'en dehors de nos stratégies néolibérales suicidaires, aucun autre motif ne semble à l'origine des profonds malaises écologiques, culturels, anthropologiques et politiques qui obscurcissent l'avenir de l'humanité. Nous n'avons trouvé trace d'aucune transcendance maléfique à l'œuvre dans les sociétés contemporaines. C'est l'homme, et l'homme seul, qui est à l'origine de tous les dérèglements écologiques, culturels, politiques et anthropologiques qui menacent l'avenir de l'humanité. Et ceci est une bonne nouvelle - qui encourage à poursuivre l'enquête BH22, mais en modifiant à présent les angles de vue : il s'agit dans ce second volume d'ouvrir le chantier du repérage de tous les nouveaux germes de futur, de quelque nature qu'ils soient, et d'identifier tous les matériaux avec lesquels il serait envisageable de construire un projet alternatif de civilisation.

De nouveaux matériaux pour de nouveaux futurs est donc entièrement consacré à ce repérage de toutes les forces vives susceptibles de permettre la poursuite ou la reconstruction de nouvelles orientations stratégiques durablement praticables pour l'humanité. Il s'agit de dresser l'inventaire de ces nouvelles forces, de ces nouveaux matériaux, des nouvelles aspirations naissantes devant toutes les impasses stratégiques de l'économie mondialisée. Car plusieurs alternatives à la destruction créatrice sont certainement possibles, envisageables, vivables : de vieux concepts reviennent sur le devant de la scène, acquièrent de nouvelles forces et sont peut-être en capacité de se matérialiser dans une nouvelle éthique, un nouveau droit, de nouvelles pratiques politiques. *Humanité*, *Biens communs,* et *Cosmopolitisme* sont des idées en plein renouvellement. L'impact possible des nouvelles technologies et de nouvelles réglementations dans la reconfiguration du monde industriel doit aussi être pris en considération. Le développement durable, le principe de précaution, l'écologie politique, la responsabilité sociale et environnementale deviennent des forces avec lesquelles il faut compter, capables dans certains cas d'imposer aux plus grands acteurs de la mondialisation de rendre des comptes en matière d'environnement et de traitement humain. De multiples initiatives citoyennes germent de par le monde. Dans plusieurs domaines la société civile prend le relais des institutions traditionnelles défaillantes – églises, États, partis, syndicats. D'où le foisonnement d'entités d'un genre nouveau, proposant de nouvelles approches du vivre ensemble, ouvertement orientées vers des actions soutenables sur le long terme. Elles revendiquent la prise en compte de l'humain et du naturel avec un degré d'exigence vivifiant. Ces nouvelles pratiques peuvent-elles représenter une alternative de poids face aux logiques technolibérales ? Ces nouvelles forces vives sont-elles susceptibles de dessiner un nouvel avenir planétaire ?

De nouveaux matériaux pour de nouveaux futurs introduit au besoin d'envisager le passage de notre culture actuelle, centrée sur la recherche d'innovation et de croissance, à une culture de l'anticipation, centrée sur une capacité à profiter autrement du passage du temps. Il s'agit de jeter les bases d'une *chronostratégie* capable d'enrayer la guerre des temps qui menace de scinder l'humanité en deux à l'horizon du siècle prochain. Le déclic que doit représenter le concept d'anthropocène en matière d'anticipation, l'étrange proximité entre stratégie et anticipation dans la pensée chinoise traditionnelle, ou encore le souvenir de sagesses antérieures à la pensée des Lumières, nous conduiront à réexaminer les relations entre rationalité et temporalité au sein de la civilisation occidentale. C'est une condition *sine qua non* pour envisager sereinement notre accès au XXIIe siècle.

1. Sur la facture entropique de l'ère industrielle

Une mutation industrielle est-elle envisageable ? Je veux dire, la transformation de notre actuelle industrie, cette industrie extractive, énergivore, polluante, cette industrie par essence traumatisante pour l'environnement, car conçue dès le départ de l'aventure industrielle de l'Occident comme le bras armé d'une entreprise de conquête et de domination de la nature – cette industrie peut-elle faire l'objet d'une réelle mutation ? Une mutation si profonde que cette industrie apprendrait, relativement rapidement, à devenir compatible avec l'idée d'un processus industriel soutenable sur le très long terme, par exemple pour les cinq ou six siècles à venir ?

Car tel n'est pas le cas actuellement. Si l'avenir de l'humanité se trouve aujourd'hui mis en question, en raison principalement de profondes perturbations d'origine anthropique dans les équilibres de la biosphère, c'est essentiellement parce que la technico économie contemporaine, mondialisée, nécessite un dispositif industriel et logistique d'une telle envergure qu'il transforme la croûte terrestre et l'atmosphère dans des proportions incompatibles avec le maintien de conditions de vie sur le long terme. Tout, ici, est affaire de proportion. Jusqu'à un passé relativement récent, disons jusqu'au début du XXe siècle, l'homme et son industrie n'avaient pas réellement porté atteinte aux équilibres de la biosphère. C'est avec la forte croissance démographique, puis avec le recours aux énergies fossiles, et enfin avec l'instauration et le déploiement sur la terre entière d'un mode de vie consumériste, à l'occidentale, que les affaires se sont compliquées. Les spécialistes hésitent encore à déterminer le point d'entrée de l'humanité dans l'ère de l'anthropocène, mais cela ne doit pas nous exonérer de réfléchir aux alternatives possibles à la trajectoire tragique imprimée par l'économie contemporaine mondialisée, industrialisée, financiarisée, incapable d'entrer dans ses calculs les enjeux de survie de l'humanité. Quelle que soit la date d'entrée effective dans l'anthropocène, nous y sommes bel et bien, et nous devons tenter de trouver des modes de vie compatibles avec cet état de fait.

C'est dans ce contexte que ce premier chapitre pose cette question : une mutation industrielle est-elle envisageable ? Peut-on compter sur la capacité de l'industrie à modifier ses pratiques jusqu'à devenir réellement durable, sur longue période, à l'horizon des siècles à venir ? De nombreux hommes politiques, hommes d'affaires, industriels ou scientifiques de diverses disciplines ou filières expliquent aujourd'hui qu'ils ont compris le problème, et qu'ils disposent de moyens nouveaux, essentiellement d'ordre technologique, pour engager une mutation industrielle profonde et globale, et rendre les activités industrielles réellement *durables*. De nouvelles découvertes, de nouveaux matériaux, de nouvelles technologies, de nouvelles procédures qualité, de nouvelles normes environnementales sont évoquées et, mises bout à bout, suffiraient à modifier en profondeur la trajectoire de l'économie industrielle, jusqu'à la rendre écologiquement soutenable. Est-ce possible ? Est-ce faisable ? Est-ce crédible ? Peut-on compter sur la possibilité d'une mutation des processus de manufacture et de logistique qui irait jusqu'à rendre ces activités compatibles avec des projections biophysiques satisfaisantes, à l'échelle de la planète ; c'est-à-dire sans réchauffement climatique excessif, sans épuisement des ressources naturelles, sans pollution excessive – en un mot, sans accroissement de la facture entropique de la civilisation contemporaine ?

Il faut douter de cette idée pour quatre raisons essentiellement, quatre raisons qui structureront la réflexion dans ce chapitre. D'abord en raison du montant de la facture entropique liée aux activités industrielles contemporaines ; ensuite parce qu'il y a une dimension quasi « religieuse » tapie au fond de nos processus industriels, une dimension souvent occultée mais peut-être déterminante dans la motivation des excès liés à l'activité industrielle ; ensuite parce qu'il n'est pas démontré qu'un accroissement de technologie peut réellement nous mettre à l'abri de problèmes industriels – les analyses prospectives de Jeremy Rifkin, qui poussent très loin cette hypothèse, fourniront un excellente opportunité d'approfondir la réflexion sur ce point ; et enfin parce que l'idée même d'une économie circulaire n'est pas claire : il y a des limites au recyclage possible de plusieurs intrants dans le processus industriel.

Nous avons, effectivement, de bonnes raisons de douter. Lorsque nous parcourons les actualités, nous prenons parfois conscience de déclarations qui font froid dans le dos. Lorsque nous entendons l'économiste américain Paul Romer, cité parmi les possibles nobélisables, affirmer que la croissance ne s'arrêtera pas avant environ « cinq milliards d'années, quand le soleil explosera[4] » ; ou quand nous entendons Jeremy Rifkin expliquer, à grand renfort d'interventions médiatiques, qu'une troisième révolution industrielle en marche va permettre, grâce à l'Internet des objets, « un grand bond de la conscience biosphérique » ; ou lorsqu'enfin nous entendons les centaines d'émissions contemporaines consacrées à l'homme augmenté, l'homme en quête d'immortalité - un transhumain capable de régénérer ses

---

[4] Paul Romer, reason, http:/*reason*, com/archives/2001/12/01/post-scarcity-prophet/3, December 2001.

organes et de télécharger son esprit pour lui assurer la capacité de vivre éternellement - lorsque nous entendons tout cela, nous pourrions sourire tranquillement et vaquer à nos occupations quotidiennes. Mais nous avons raison de douter, car nous savons aussi que ces idéologies ne sont pas de simples utopies légères exprimées avec détachement. Ce sont des concepts dont les principaux acteurs de l'économie mondiale sont friands ; des concepts capables de drainer des milliards de dollars d'investissements ; des concepts qui commencent à se traduire en projets industriels concrets sur la table des conseils d'administration, et de faire l'objet de calcul en termes de retours sur investissements ; des utopies dont s'imprègnent les logiques capitalistes, soucieuses de les transformer en nouvelles activités économiques sans autre forme de validation que celle des marchés financiers. Transformer le monde, augmenter l'homme, climatiser la planète sont des axes stratégiques qui commencent à prendre corps dans les projets des grandes entreprises. S'agit-il de véritables opportunités de modifier la trajectoire funeste de l'industrie contemporaine, ou de simples sornettes destinées à maximiser les opportunités d'affaires ? Peut-on accorder du crédit à l'idée que l'industrie elle-même pourrait changer ? Est-ce concevable ? Peut-on concevoir une véritable *révolution* industrielle ? Un changement radical d'orientation des politiques industrielles ?

Il est indispensable d'approfondir cette question, car les promesses de révolution industrielle servent généralement de paravent aux tentatives de mise en lumière des impasses de la mondialisation. Il faut en premier lieu saisir à quel point la facture entropique de notre ère industrielle est gigantesque, menaçante pour le devenir de l'humanité, et il faut ensuite comprendre pourquoi la civilisation occidentale observe sa propre dérive sans capacité de réaction. Le présent chapitre illustrera l'idée que la mondialisation est fondée sur un programme de transformation du monde reposant sur des principes, composés de raison et de foi, visant à construire un paradis terrestre. Dans ce contexte, les processus industriels occupent une place centrale, ils représentent le moyen et le lieu de construction de ce paradis. Mais ils obéissent aujourd'hui encore à des idéaux qui font obstacle à la juste compréhension des tenants et aboutissants de l'économie industrielle : la construction d'un paradis peut bien autoriser quelques dégâts collatéraux. Le jeu en vaut la chandelle, semble-t-on estimer en dernier ressort. L'industrie est une puissance de transformation qui n'a pas compris son propre rôle dans la configuration du monde contemporain, et qui de ce fait ne s'estime pas devoir endosser la responsabilité liée à ses prodigieux pouvoirs. Le suivi des actualités nous informe largement sur l'état du monde ; le suivi des marchés et des cours de bourse nous en dit beaucoup sur l'état de l'économie et de l'industrie, mais ni l'un ni l'autre ne nous éclairent sur sa provenance, sa direction ni ses possibles. Il existe, dans les services de R&D, sur les bureaux des ministères et des conseils d'administration, pléthore de projets qui proposent de nouvelles solutions industrielles révolutionnaires, théoriquement capables d'éloigner le spectre de l'effondrement qui menace la civilisation occidentale, et avec elle le monde dans son entier, pour cause d'abus industriels dans l'exploitation des ressources naturelles. De tels projets sont-ils crédibles ? Disposent-ils d'un potentiel suffisamment révolutionnaire pour qu'on doive leur prêter attention ? Il est nécessaire, pour répondre à ces questions, de faire l'effort d'identifier les ressorts de l'ère industrielle.

L'empreinte écologique de l'ère industrielle

Rappelons, d'abord, les grandes lignes de l'équation énergétique de la civilisation occidentale : notre civilisation fonctionne aux énergies fossiles, principalement au pétrole, dans des proportions gigantesques. Nous sommes littéralement dépendants de ces ressources fossiles qui présentent le double handicap d'être des ressources limitées, d'une part, et d'autre part d'être responsables de la grande majorité de la production de CO^2 directement à l'origine du réchauffement climatique. Disons pour simplifier que nous avons à ce jour consommé environ le tiers de l'ensemble des ressources fossiles d'accès raisonnablement pratique : la pénurie est donc pour bientôt, étant donné les taux de croissance démographiques et économiques sur l'ensemble de la planète. L'horizon est de quelques décennies, en tout cas avant l'échéance BH22. Le pic de production annuel de pétrole a eu lieu en 2006 et, depuis, la production est en contraction. Le fait que nous réfléchissions à exploiter à présent les gaz de schistes, extrêmement coûteux à extraire et très polluants, ou que la Chine construise de nouvelles centrales thermiques au charbon, témoigne d'une préparation à la disette en pétrole conventionnel. Mais le plus grave n'est pas là. Le plus grave, c'est de savoir qu'une exploitation de la totalité des réserves d'énergies fossiles disponibles conduirait à une augmentation d'environ 15 degrés de la température moyenne du globe – ce qui rendrait ce globe totalement invivable pour la majeure partie des formes actuelles de vie animale et humaine. La sagesse imposerait donc d'extraire le minimum « vital » de ces réserves fossiles, donc de réduire dès à présent les prélèvements, afin de préserver l'état de fonctionnement de la biosphère.

Rappelons aussi qu'une croissance économique de 1 % par an implique une croissance de notre consommation d'énergie du même ordre. C'est la moyenne constatée sur l'ensemble du XXe siècle et, malgré de gros efforts pour réduire ce *couplage*, les rythmes d'évolution restent au début du XXIe siècle sensiblement identiques. D'où le concept de *transition énergétique*, qui cherche à modifier les termes de ce couplage afin de pouvoir continuer à croître économiquement tout en réduisant notre consommation énergétique. L'idée est que l'accumulation des connaissances et innovations technologiques devrait rendre possible une croissance économique *découplée* de l'usage des matières premières, et avant tout des énergies fossiles. Mais l'intensité énergétique du PIB, l'indicateur au moyen duquel nous mesurons ce découplage, ne s'est que très peu amélioré sur les dernières décennies[5]. Si l'on constate bien, depuis la fin de la seconde guerre mondiale, une certaine amélioration de l'intensité énergétique du PIB, avec une augmentation de la consommation d'énergie primaire en léger retrait par rapport à la croissance du PIB, ce progrès est annulé par l'augmentation de la consommation énergétique par habitant. Les deux grandes options qui s'offrent ici à la réflexion concernent les projets de réduction de dépense énergétique d'un côté, et de substitution des énergies fossiles par des énergies renouvelables de l'autre côté. Or, à ce jour, il s'avère que les projets concrets de transition énergétique n'offrent que peu de solution au dilemme énergétique de la civilisation occidentale. Nous peinons à réduire notre consommation, et les productions d'énergies vraiment renouvelables restent marginales. Par ailleurs, même si par miracle nous parvenions à mettre au point de nouvelles énergies

[5] Thierry Caminel, Philippe Frémeaux, Gaël Giraud, Aurore Lahucq et Philippe Roman, *Produire plus, polluer moins : l'impossible découplage ?*, Les petits matins, 2014.

capables de modifier notre dépendance aux énergies fossiles, l'opération de renouvellement des infrastructures énergétiques mondiales serait très vorace en matières, en énergies, et demanderait vraisemblablement plusieurs décennies pour devenir opérationnelles, sans parler des importants problèmes politiques et culturels qu'il s'agirait de surmonter.

Le terme *entropie* a été forgé en 1868 par Rudoph Clausius, un savant allemand, pour caractériser l'énergie qui n'est plus utilisable. Résumons ce que disent les première et deuxième lois de la thermodynamique. « Le contenu énergétique total de l'univers est constant et l'entropie totale augmente continuellement. » Rien ne se perd, rien ne se crée, mais tout se transforme, dit-on trivialement. Selon la première loi de la thermodynamique, dite « loi de conservation », l'énergie ne peut ni se créer, ni se détruire, et sa quantité globale restera la même jusqu'à la fin des temps. Notons bien que l'énergie se transforme constamment, et toujours dans le même sens, du disponible à l'indisponible. Et, précise la seconde loi de la thermodynamique, l'énergie va toujours du concentré au dispersé, du chaud au froid, de l'ordonné au désordonné. Pensons par exemple, pour bien comprendre ces deux lois, à la combustion d'un morceau de charbon. L'énergie que contient ce morceau de charbon ne se perdra jamais. Elle se transformera en dioxyde de carbone, en dioxyde de soufre et en d'autres gaz qui seront dispersés par la combustion dans l'atmosphère. En revanche, rien ne fera plus que cette énergie redevienne utilisable. Si elle reste bien présente dans la biosphère, il n'est plus possible de la reconcentrer pour reconstituer le morceau de charbon et le réutiliser. Bien sûr, le soleil brûlera encore des milliards d'années et pourra fournir d'immenses quantités d'énergie. Mais à l'échelle des énergies fossiles, comme dans le cas de notre morceau de charbon, les énergies ont été fixées et sont disponibles en quantités finies, en tout cas à l'échelle des temps géologiques pertinents pour estimer notre capacité de vie et de survie sur la Terre. C'est pourquoi les physiciens nous invitent à considérer que, du point de vue thermodynamique, la Terre constitue un système quasiment fermé par rapport au soleil et à l'univers. C'est Nicholas Georgescu-Roegen qui a, le premier, établi un lien entre les pensées économiques et écologiques, dans les années 1970. Ce que nous enseignent les lois de la thermodynamique, a-t-il expliqué, c'est que l'activité économique consiste à emprunter à l'environnement des intrants énergétiques faiblement entropiques, à les transformer en produits et services hautement utiles mais très éphémères, à l'échelle des temps géologiques. Or, pendant cette transformation, l'énergie dissipée dans l'environnement est souvent supérieure à celle qui s'intègre à nos productions.

La prudence s'impose donc avant de considérer l'activité économique comme une *création de richesses*. Nous estimons usuellement que le PIB exprime le niveau de richesses produites par un pays, en une année. Du point de vue thermodynamique, le PIB représente plutôt la valeur de l'énergie temporairement intégrée à nos productions au prix de la diminution des réserves d'énergie disponible et de l'accroissement des déchets entropiques. C'est pourquoi on parle de *facture entropique*. Ce concept n'avait pas de sens tant que nous pensions être dans un univers de ressources infinies ; il devient central dans une économie qui prend conscience de son insertion dans une biosphère en mutation sous l'effet des activités humaines. Il devient pertinent de considérer l'activité économique, et notamment les branches industrielles de cette économie, comme un générateur d'entropie. Et le progrès comme un accélérateur d'entropie. Au final, une société productiviste et consumériste représente un énorme générateur d'entropie. Même si les penseurs des Lumières nous avaient convaincus que le génie humain consistait à travailler à base d'infinis, de destruction créatrice et de main invisible du marché pour réguler la marche du progrès, ils avaient finalement tort. L'idée que l'accélération de l'activité économique peut conduire à un environnement dégradé, et comporte de sombres perspectives pour les générations à venir, doit devenir un constat partagé à l'échelle planétaire. Dans ce contexte, la véritable mesure de l'efficacité économique doit devenir son aptitude à être durable, sur le long terme – et ceci en opposition totale avec les pensées usuelles du progrès et les processus de *création de valeur* au sens libéral. On le voit, ces approches en termes biophysiques nous imposent de revoir totalement notre conception de la productivité. La productivité doit cesser de représenter le calcul simpliste de la vitesse à laquelle nous brûlons des ressources non renouvelables pour produire telle ou telle quantité de produits ou services. A l'ère de l'anthropocène, la mesure de la productivité devra prendre en compte à la fois l'efficacité thermodynamique et les conséquences entropiques du processus considéré.

Et notons qu'il ne suffira pas de prendre en compte ce que nous appelons les « externalités négatives » des processus industriels pour en être quitte avec la facture entropique globale des activités industrielles contemporaines. Sous ce terme nous ne comprenons généralement que les effets délétères les plus visibles et ponctuellement observables au sortir des unités de production. Mais en fait le coût global des activités industrielles – pour l'ensemble des êtres vivants concernés, sur la durée de vie des ressources mobilisées, pour l'environnement et les générations futures - n'est jamais pris en compte, dans aucune des traditions juridiques des principales nations du monde. Ce que nous appelons « externalités négatives », ainsi que les très légères et très occasionnelles restrictions ou pénalités financières qu'elles occasionnent, est totalement négligeable au regard de la facture entropique globale des activités industrielles contemporaines. Pour bien le comprendre, il faut admettre que toute activité économique est un emprunt aux réserves énergétiques et matérielles de la biosphère. C'est à partir de là qu'il s'agit de repenser les modèles économiques. Nous ne pouvons faire autrement que concevoir l'ère industrielle comme une accumulation de dettes entropiques croissantes, et dans ce contexte notre challenge majeur consiste à faire en sorte que l'écart entre notre consommation de ressources et les capacités de régénération de la biosphère soit le plus faible possible, de façon à nous éloigner au maximum d'un effondrement.

Une bonne manière d'illustrer la question de la facture entropique des activités humaines consiste à raisonner en termes d'empreinte écologique. Au cours du dernier demi-siècle, l'extension du concept d'empreinte écologique[6] de l'humanité a complétement modifié la donne quant à la perception des équilibres durables de la biosphère. Jusqu'à brouiller toutes les projections possibles à horizon BH22. Au début des années 1960, l'humanité ne « consommait » que la moitié environ de la biocapacité de la planète, c'est-à-dire de sa capacité à régénérer les ressources puisées par l'ensemble des activités humaines. Aujourd'hui, un demi-

---

[6] Des informations relatives au sujet de l'empreinte écologique et au « jour du dépassement de la Terre » sont accessibles sur de nombreux sites spécialisés. Une présentation d'ensemble figure sur Wikipédia.

siècle plus tard, nous « consommons » annuellement une planète et demie. Avec de très fortes disparités entre pays, les États-Unis arrivant largement en tête de la consommation de ressources par habitant. C'est à partir de l'année 1986 que nous avons franchi ce cap. En 2016 le « jour du dépassement » a été annoncé le 03 août. C'est-à-dire qu'à partir du 03 août, en 2016, nous avons prélevé des ressources que la planète ne peut pas régénérer en une année pleine. Ce jour du dépassement avance chaque année d'une semaine environ. En 2015 c'était le 13 août, en 2014 le 18 août.

Si l'on accepte le verdict du calcul de l'empreinte écologique, la notion de facture entropique se précise : depuis une trentaine d'années maintenant, nous ne savons plus vivre des seuls intérêts (ou surplus) de la biocapacité de la Terre. Nous puisons dans le capital. C'est cela, la facture entropique : la somme des prélèvements opérés depuis que la consommation de ressources par l'ensemble de l'humanité est supérieure à la capacité de régénération de la planète. Du coup, tant que nous n'aurons pas sérieusement envisagé de revenir à des modes de vie moins dispendieux, la question à horizon BH22 se pose dans les termes suivants : quel est le nombre d'êtres humains qui peuvent vivre confortablement sans remettre en cause les équilibres durables de la biosphère ? Ou bien : quelle est la partie de l'humanité qui doit être sacrifiée pour que l'autre partie puisse continuer à vivre selon ses modes de vie à l'occidentale ? Ou bien encore : de combien de temps disposons nous, tous ensembles, riches et pauvres « solidaires » dans l'épreuve, jusqu'aux points de bascule qui interdiront la poursuite de la vie humaine sur la Terre ? Il n'existe à ma connaissance aucun modèle qui réponde à ces dilemmes. Je veux dire, aucun modèle économiquement et socialement crédible, ayant fait l'objet de débats suffisamment transparents et profonds pour susciter un revirement significatif des modèles économiques actuellement en vigueur. Nous verrons dans le chapitre suivant que le concept d'anthropocène, en raison de la brutalité et de la violence du diagnostic qu'il établit, permettra peut-être la cristallisation de nouvelles pensées, de nouvelles valeurs, de nouvelles pratiques.

La religion industrielle occidentale

Il vaut la peine de s'interroger sur ce qui procure au XXIe siècle à la technico économie mondialisée sa puissante force motrice ; comprendre pourquoi les blessures infligées quotidiennement par les processus industriels au tissu du vivant ne soulèvent pas davantage de réprobations, pourquoi le modèle économico-industriel occidental reste aussi attractif en dépit de ses impasses stratégiques manifestes. J'ai détaillé dans un précédent ouvrage[7] en quoi un mythe comme celui de la *destruction créatrice* a pu représenter un aiguillon capable d'inspirer les stratégies les plus folles, les plus suicidaires au plan écologique. Dans le prolongement de cette première analyse, je souhaite analyser ici l'enjeu spécifiquement *industriel* lié aux processus de fabrication et de distribution des produits et services à la surface du globe. Car les politiques industrielles ne représentent pas seulement la matérialisation de programmes qui prendraient leur source ailleurs, par exemple dans la culture, la spiritualité, l'économie, la politique. Il ne suffit pas de dire que l'industrie est la simple transcription technique et politique de pensées et de pratiques libérales

[7] Jean-François Simonin, *La destruction créatrice, une illusion ravageuse.*

peu soucieuses de soutenabilité. Il y a peut-être quelque chose de spécifiquement *créateur* -ou destructeur- dans le geste industriel, dans les processus de manufacture, dans les usines, quelque chose dont je voudrais ici sonder et circonscrire la capacité autonome d'entrainement.

Nous parlerons dans les chapitres ultérieurs d'économie verte, d'économie dé-carbonée, d'alternatives industrielles, de responsabilité sociale et environnementale, de recyclage, d'écologie politique, de principe de précaution, de développement durable, de décroissance - autant d'idées neuves potentiellement intéressantes mais dont les promoteurs, généralement, occultent la dépendance originaire à la tradition rationnelle et religieuse de l'Occident. Or, il y a dans le geste technoscientifique et dans son application industrielle quelque chose d'autonome, indépendant des volontés culturelles, politiques et même financières - quelque chose qui vise la transformation du monde en vertu d'une tradition religieuse dont nous ne sommes pas sortis au début du XXIe siècle, et dont les technoprophètes qui font la promotion du posthumain ne semblent libérés, eux non plus. Les auteurs qui se sont penchés sur cette intuition font converger leurs réflexions autour du concept *d'Incarnation.* Hegel, voici deux siècles déjà, estimait que l'Incarnation était « le grand gong autour duquel tourne l'histoire du monde[8] ». Au XXe siècle, Jacques Ellul, protestant, et Yvan Illich, catholique, ont tous deux, à leur manière, souligné le lien entre Incarnation et société technico-industrielle. Dès 1946, juste après la seconde guerre mondiale, Merleau-Ponty a aussi identifié cette filiation et pointé son potentiel révolutionnaire. « L'Incarnation change tout... Le monde cesse d'être

[8] G.W.F. Hegel, *Leçons sur la philosophie de l'histoire mondiale*, Ed. G. Lasson, Meiner Verlag, 1968, p ; 722.

comme un défaut dans le grand diamant éternel… Comme si le Dieu infini ne se suffisait plus, comme si quelque chose bougeait en lui, comme si le monde et l'homme, au lieu d'être une inutile déchéance de la perfection originaire, devenaient les moments nécessaires d'une perfection plus grande… Le monde n'est pas vain, il y a quelque chose à faire[9]. » Aujourd'hui Harold. J. Berman, Pierre Legendre, Marcel Gauchet ou Pierre Musso, entre autres auteurs qui cherchent à comprendre les ressorts de la civilisation industrielle, réinterrogent cette filiation. Ils expliquent à quel point le mystère de l'Incarnation a représenté pour l'Occident le bing bang originel qui lui a insufflé sa dynamique durant plusieurs siècles, jusqu'à l'établissement d'un programme d'industrialisation généralisée dans le cadre de ce que l'on nomme communément l'économie mondialisée. Ils démontrent à quel point l'industrie au sens occidental se nourrit à la fois de « découvertes » scientifiques et d'« incarnations » successives dans certaines réalisations techniques.

Historiquement il s'est agi très clairement, au moyen des processus industriels naissants, de mettre à exécution les programmes de Descartes et Bacon visant à « se rendre comme maîtres et possesseurs de la nature ». A bien l'observer, le programme baconien de domination de la nature est strictement instrumental. Il n'implique aucune intention de mesurer ou de comprendre les conséquences, pour la nature, des projets d'actions humaines. Il s'agit d'étudier les phénomènes naturels dans l'unique but de prendre la main sur les processus naturels, partout où l'homme s'en trouvera capable. A partir des XVIe et XVIIe siècles, estime Pierre Musso, la Nature peut et doit être transformée par la science et la technique. L'industrie

[9] Maurice Merleau-Ponty, *Sens et non-sens*, Gallimard, 1996, p. 201-213.

pourra devenir « génératrice d'un processus métamorphique sans limite, autoalimenté par son *couple infernal*, mystère et raison[10]. » Au travers des mythes de l'Incarnation, puis de l'Industrialisation, il s'agit de projeter vers l'extérieur, par l'action créatrice humaine, le souffle intérieur qui vise à prolonger le geste de la création divine. Il y a une foi industrialiste, explique Musso, qui ne s'explique que par analogie avec la croyance dans l'Incarnation. « Avec l'industrie, le religieux est décroché du transcendantal et du céleste, il est inscrit sur et dans le terrestre par un processus d'immanence qui se poursuit inexorablement, au plus profond des « entrailles » de la terre[11]». Au travers des *politiques industrielles*, « il s'agit désormais de gouverner l'Humanité selon une seule mesure…, l'unique mesure de la rationalité technoscientifique érigée en mythe[12]». L'industrie sera le processus au travers duquel, expliquera Ernest Renan au milieu du XIXe siècle, il s'agira d'« organiser scientifiquement l'humanité ». Inutile de rappeler que l'introduction massive du machinisme dans les processus de fabrication tout au long du XIXe siècle n'a pas freiné, mais a au contraire multiplié cette capacité métamorphique de l'industrie. Innovation et prise de risque sont à la manœuvre, explique Lewis Mumford. « Le fait est que l'invention était devenue un devoir et que le désir d'utiliser les nouvelles merveilles techniques – comme l'enfant ravi d'avoir de nouveaux jouets – ne fut pas le moins du monde guidé par le sens critique[13] ». La finalité de la religion industrielle naissante, au début de l'ère industrielle, est clairement « l'exploitation du globe

[10] Pierre Musso, *La Religion industrielle*, p. 101.
[11] *Ibid.*, p. 449.
[12] Pierre Musso, *op. cit.* p. 456.
[13] Lewis Mumford, *Technique et civilisation*, [1934], Parenthèses, 2016, p. 74.

terrestre », idée tout droit sortie des corpus cartésien et baconien. La politique, sans l'industrie, serait restée vide de sens. L'industrie, c'est à la fois une science appliquée et une morale qui donne sens à l'activité collective.

Le lien entre cette capacité humaine à tirer parti de l'environnement naturel et les processus industriels a été opéré avec une ferveur toute religieuse par Saint-Simon. Saint-Simon a traduit en termes industriels et religieux l'idéal baconien en des termes explicites. Avec lui, « l'industrie donne corps à la science pour l'exploitation du globe par l'Humanité réunie dans un vaste atelier. L'atelier devient un modèle pour penser la société et le monde[14] », dit Musso, qui nous aide à replonger notre compréhension des processus industriels dans les idéologies qui leur ont donné leur prodigieuse puissance. Saint-Simon va très loin dans cette conception du monde. « Le but industriel de la philosophie humaine, c'est de pousser l'espèce vers l'exploitation la plus complète du globe ; elle doit par conséquent combiner toutes les forces industrielles, scientifiques, sentimentales pour obtenir cette fin avec la plus grande rapidité possible. Or, la meilleure combinaison des forces sociales est celle dans laquelle la société, organisée comme un atelier de production, sera soumise à l'unité de direction, et où tous ses membres considéreront leurs travaux comme les diverses branches du travail général appliquées à un but commun[15] ». On le voit, Saint Simon est bien loin de chercher à mesurer les implications écologiques des activités industrielles, alors même qu'il perçoit très clairement que l'industrie multiplie la capacité humaine de

[14] Pierre Musso, *La Religion industrielle*, p. 538.

[15] Saint Simon, cité par Pierre Musso, in *La Religion industrielle*, p. 539.

transformation du monde. « L'objet de l'industrie est l'exploitation du globe, c'est-à-dire l'appropriation de ses produits aux besoins de l'homme, et comme en accomplissant cette tâche, elle modifie le globe, le transforme, change graduellement les conditions de son existence, il en résulte que par elle l'homme participe, en dehors de lui-même en quelque sorte, aux manifestations successives de la Divinité, et continue ainsi l'œuvre de la création[16]. » L'industrie devient même explicitement la fin unique de l'action humaine. « L'exploitation du globe, de la nature extérieure, devient désormais le seul but de l'activité physique de l'homme : la capacité industrielle, par laquelle s'opère cette exploitation, doit être à l'avenir la seule capacité sociale, dans l'ordre matériel[17] ». Nous allons devoir affronter, dit encore Saint-Simon, le dogme de « la fécondité toujours croissante du Globe lui-même[18]».

C'est donc à juste titre que l'on peut parler de *religion industrielle*. Dans la pensée de Saint-Simon, les processus industriels occupent la place centrale. Depuis lors, dit Musso, « l'industrie porte le fardeau du mystère de la transformation du monde par l'humanité[19] ». Dans le *nouveau christianisme* de Saint-Simon, le système scientifique et machinique est l'activation du principe divin. La société industrielle doit réaliser la promesse de ce nouveau christianisme qui ne consiste plus à espérer une autre vie, mais à construire un bonheur terrestre, pour le présent et pour l'avenir. « Désormais, la religion industrielle porte et projette le bonheur de l'Humanité dans le futur grâce au grand récit du Progrès. A l'annonce

---

[16] Saint Simon, cité par Pierre Musso, *op. cit.* p. 540.
[17] Saint Simon, cité par Pierre Musso, *op. cit.* p. 540.
[18] Saint Simon, cité par Pierre Musso, *op. cit.* p. 546.
[19] Pierre Musso, *La Religion industrielle*, p. 542.

de la nouvelle société à venir, les éléments de la religion industrielle s'assemblent logiquement : la Science délivre la « Vérité » et devient objet de croyance, la production et le travail sont des actions « utiles » pour l'Humanité, le Progrès est le moteur de son Histoire[20]. » Rien n'invite plus à la retenue, rien n'exige de rendre des comptes à la nature. Et d'ailleurs, pas de tribunal laïc pour une religion industrielle. Qui pourrait bien aujourd'hui avoir le cran de tenir tête à Google quand cette entreprise déploie sa stratégie d'augmentation de l'homme, de restructuration du savoir de l'humanité, ou lorsqu'elle évoque le projet de mettre au point un « assistant » de la pensée humaine et de le déployer sur la terre entière ?

On comprend mieux à quel point il est pertinent d'évoquer l'idée d'une religion industrielle. Au travers du processus industriel au sens large, la science moderne et ses applications industrielles se conçoivent comme un programme d'action sur la nature. L'acte industriel consiste à projeter à l'extérieur de soi ce que l'on a en soi. Il s'agit de construire avec ce qui est déjà en soi. La Terre est une matrice qui doit être fécondée par l'homme, et l'activité industrielle représente dans ce contexte la stratégie la plus rationnelle et la plus efficace pour y parvenir avec force et envergure. « Si l'industrie consiste à construire hors de soi, dans le monde, l'altérité que l'on a en soi, la religion industrielle applique à l'Humanité entière ce transport hors d'elle-même par la Science et le Travail, dans l'exploitation du globe ; et avec ce transport, la contrainte de s'y soumettre. L'Humanité ainsi conçue, à la manière occidentale, construit par son industrie, c'est-à-dire hors de soi, l'altérité du monde[21].»

---

[20] *Ibid.*, p. 479.
[21] *Ibid.*, p. 612.

Il est donc instructif de se remémorer à quel point, en Occident, la fabrication du monde a été conçue comme un acte créateur d'essence quasi divine. C'est par la science et l'industrie que la Création a pu se faire terrestre. C'est aussi ce qui peut expliquer pourquoi, aujourd'hui encore, l'industrialisation conserve des allures de croyance irrationnelle, déraisonnable et illimitée dans la rationalité. Et c'est certainement, aussi, une des raisons de l'aveuglement de l'industrie vis-à-vis de ses implications écologiques. C'est le côté *religieux* de la tâche industrielle qui l'autorise à faire fi des destructions qu'elle opère, jusqu'à représenter aujourd'hui le bras armé d'un fondamentalisme néolibéral qui déploie des programmes de destruction massive des écosystèmes. Car on n'a pas à mesurer les incidences d'un geste religieux. Cette filiation avec la tradition religieuse permet de comprendre la puissance destructrice atteinte par l'industrie au cours des deux guerres mondiales du XXe siècle, par exemple, ou encore sa puissance destructrice des milieux naturels depuis deux siècles environ, et tout particulièrement au début du XXIe siècle, alors que nous savons pertinemment être entrés dans l'ère de l'anthropocène. Jusqu'à cette nouvelle mutation, au début du XXIe siècle, où les processus industriels tendent ostensiblement en direction de la réalité modifiée ou l'augmentation de l'homme. « L'achèvement du grand cycle pluriséculaire de la construction de l'édifice industrialiste s'accomplit de nos jours par la généralisation du paradigme cybernétique. Dans un ultime déplacement de l'incarnation dans des objets techniques qualifiés d'« intelligents », la religion industrielle se fait « religion cybernétique[22] ». Il faut comprendre, explique Musso, combien industrialisation signifie efficacité économique, et combien la normativité managériale contemporaine fait de cette valeur son dogme

---

[22] *Ibid.*, p. 103.

fondamental - l'exonérant ainsi, pourrait-on dire, de la mesure des implications de son agir industriel. Car il n'appartient pas à l'homme, fut-il manager, de mesurer les incidences d'un programme d'essence divine.

Marcel Gauchet, lui aussi, interprète la religion industrielle occidentale comme un produit dérivé de la religion chrétienne. Il distingue plusieurs étapes historiques dans cette dérive des supports de l'Incarnation en Occident : hiérarchie de la surnature à la nature, domination de la nature, puis conquête de la nature par les technologies. Nous devons comprendre les ressorts de l'industrialisation comme l'« optimisation active de la sphère terrestre[23] », explique Gauchet. Car si vraiment le Verbe s'est fait chair, et si Dieu a véritablement pris forme humaine, cela confère à l'existence terrestre une consistance tout à fait originale, inconnue hors de l'Occident chrétien. « L'entreprise industrielle procède de la croyance que Dieu a donné la terre à l'Homme ; donc, s'il en découvre les lois, il pourra la dominer[24] ». D'où l'extraordinaire négligence de la civilisation industrielle occidentale à l'égard de ses conséquences écologiques. Le scénario fondateur de la religion industrielle suppose l'action sur une nature détachée, comme décrochée de la surnature. La religion industrielle crée le « *désemboitement* d'un ici-bas et d'un au-delà jusque-là d'un seul tenant[25] ». Une économie dés-enchâssée du monde naturel, avait brillamment expliqué Karl Polanyi, à l'issue d'une « grande transformation[26] » qui menace de

[23] Marcel Gauchet, *Le désenchantement du monde. Une histoire politique de la religion.* Gallimard, 1985, p. 32.
[24] Pierre Musso, *op. cit.* p. 84.
[25] Marcel Gauchet, *op. cit.* p. 35.
[26] Karl Polanyi, *La grande transformation*, [1944], Gallimard, 1983.

mettre un terme à la civilisation occidentale si celle-ci ne trouve le moyen de ré-enchâsser son programme d'action économique dans le tout de l'existence sociale.

On comprend mieux pourquoi, très longtemps, les processus industriels ont été pensés en totale déconnexion des processus écologiques. Il est possible que cette négligence du capitalisme et de son bras armé, l'industrie, ait subi une accélération lors de l'entrée dans l'économie du charbon, au milieu du XIXe siècle. Car il est vrai que la découverte de la puissance énergétique liée au charbon a plongé l'Occident dans une véritable fièvre extractive propre à faire oublier toutes les règles traditionnelles de prudence dans l'utilisation des ressources naturelles. « L'esprit minier affecta l'économie toute entière, de même que l'organisation sociale. Ce mode prédominant d'exploitation servit de modèle aux formes secondaires d'industrie… L'humanité se conduisit comme un héritier sous l'emprise de l'alcool. Que la source d'énergie disparût ou non, les dommages pour la civilisation engendrés par la prégnance des nouvelles habitudes d'exploitation destructrice et dispendieuse subsistèrent. Les résultats psychologiques du capitalisme carbonifère sont : une morale diminuée, un désir d'obtenir quelque chose à partir de rien, une habitude de saccager, comme si les débris faisaient partie d'un environnement humain normal. Autant de résultats qui sont, de toute évidence, néfastes[27]. »

Il ne s'agit pas dans ce chapitre d'aller plus loin dans la mise à jour des ressorts religieux de nos stratégies industrielles contemporaines. Il s'agissait seulement

[27] Lewis Mumford, *Technique et civilisation*, [1934], Parenthèses, 2016, p. 170-171.

d'insister ici sur un point, central pour la suite des développements de cet ouvrage : il y a dans nos processus économiques et industriels libéraux de puissants ressorts faits de raison et de foi, souvent mêlés, beaucoup plus qu'on ne l'imagine communément. Il était indispensable d'en prendre la mesure si l'on souhaite, comme c'est l'objectif de cet essai, faire un point exhaustif sur les raisons et déraisons des schémas actuels de fonctionnement de la mondialisation, et si l'on veut identifier des alternatives crédibles, susceptibles de représenter de véritables axes de reconstruction d'un projet alternatif de civilisation. D'ailleurs, la grande confiance dans les bienfaits des nouvelles technologies émanant des travaux actuels de Jeremy Rifkin, dont les réflexions prospectives sont l'objet du chapitre qui suit, ne semble pas totalement exempte de ferveur mystique ou religieuse.

Sur la troisième révolution industrielle de Jeremy Rifkin

Un modèle intéressant de transition énergétique a été formulé par Jeremy Rifkin[28] au moyen de son concept de « troisième révolution industrielle ». Les travaux prospectifs de Rifkin ont le mérite d'affronter réellement le problème énergétique au niveau qui convient, c'est-à-dire planétaire. Ce concept a fait rapidement le tour du monde et a déjà inspiré de nombreux programmes concrets

---

[28] Jeremy Rifkin, *La troisième révolution industrielle, Comment le pouvoir latéral va transformer l'énergie, l'économie, le monde*, [2011], Les Liens qui Libèrent, 2012.

d'investissement ou de renouvellement d'infrastructures industrielles ou urbaines.

Pour Rifkin, nous sommes à la veille d'une nouvelle convergence entre technologie des communications et régime climatique. Pour lui, la convergence entre la communication par Internet et les énergies renouvelables inaugure une nouvelle révolution industrielle, la troisième. Prochainement, dit-il, des centaines de millions d'êtres humains vont produire leur propre énergie verte dans leurs habitats, leurs locaux professionnels, et la partager entre eux au travers de réseaux intelligents d'électricité distribuée, de la même façon qu'ils créent et partagent leur propre information sur Internet. Résumée de façon très schématique, la troisième révolution industrielle de Rifkin consiste à profiter des dernières avancées technologiques, notamment dans les réseaux informatiques, et à les adapter au captage et à la transmission de l'énergie. Ainsi on pourrait potentiellement transformer tout endroit sur la terre en un site de captage d'énergie renouvelable, principalement solaire, et on utiliserait le réseau internet pour la distribution et l'acheminement de cette énergie sur les lieux de consommation. Avec l'avantage, dit Rifkin, de bénéficier principalement aux pays du Sud, les plus pauvres mais souvent les plus ensoleillés, les aidant ainsi à compenser une partie de leur retard de développement économique. Car chaque domicile, notamment, pourrait devenir un dispositif de captage privilégié, afin de lui procurer l'énergie nécessaire au foyer qu'il abrite, et un surplus d'énergie commercialisable sur le réseau mondial qui aura été adapté pour cela. Rifkin a longuement détaillé :

> … les cinq piliers de la troisième révolution industrielle : (1) le passage aux énergies renouvelables ; (2) la transformation du parc immobilier de tous les continents en ensemble de microcentrales énergétiques qui collectent sur site

des énergies renouvelables ; (3) le déploiement de la technologie de l'hydrogène et d'autres techniques de stockage dans chaque immeuble et dans l'ensemble de l'infrastructure, pour stocker les énergies intermittentes ; (4) l'utilisation de la technologie d'Internet pour transformer le réseau électrique de tous les continents en inter-réseau de partage de l'énergie fonctionnant exactement comme Internet (quand des millions d'immeubles produisent localement, sur site, une petite quantité d'énergie, ils peuvent vendre leurs excédents au réseau et partager de l'électricité avec leurs voisins continentaux) ; (5) le changement de moyens de transports par passage aux véhicules électriques branchables ou à pile combustible, capables d'acheter et de vendre de l'électricité sur un réseau électrique interactif continental intelligent[29]. »

Lorsque ces cinq piliers seront opérationnels, estime Rifkin, ils constitueront une plateforme technologique indivisible et « les synergies entre piliers constitueront un nouveau paradigme économique capable de transformer le monde[30] ». Rifkin se veut hyperréaliste : « La troisième révolution industrielle n'est pas une panacée qui guérira instantanément la société de ses maux, ni une utopie qui nous conduira à la Terre promise. C'est un plan économique pragmatique, sans fioritures, pour tenter la traversée jusqu'à une ère postcarbone durable. S'il y a un plan B, je ne le connais pas[31] ». Pour Rifkin, les régimes énergétiques configurent la nature des civilisations, c'est-à-dire leur façon de s'organiser, de travailler, de répartir les fruits de ce travail, d'exercer le pouvoir et de structurer les relations sociales. Au cours du XXIe siècle, dit-il, le contrôle sur la production et la distribution de l'énergie va passer des compagnies centralisées géantes fondées sur l'énergie fossile à des millions de petits producteurs. Nous irons ainsi vers un nouveau type de capitalisme, un « capitalisme distribué » : ces millions de petits

---

[29] *Ibid.*, p. 59.
[30] *Ibid.*, p. 106.
[31] *Ibid*, p. 106.

producteurs collecteront leurs propres énergies renouvelables sur leur lieu d'habitation ou de travail et échangeront leurs excédents sur Internet. Et cette démocratisation de l'accès à l'énergie pourrait avoir un impact fort sur l'ensemble de la vie humaine à horizon BH22. Il pourrait en résulter un changement radical dans la répartition des pouvoirs scientifique, économique, politique et social dans les années qui viennent.

La thèse de Rifkin est véritablement intéressante à la fois par son ambition théorique et par le pragmatisme avec lequel il cherche à envisager une transition énergétique radicale, praticable dans les schémas de fonctionnement industriels contemporains. Elle est potentiellement révolutionnaire à certains égards. Elle propose de nouveaux modèles pour l'économie mondiale, avec par exemple la mise à l'écart des monopoles de l'énergie, la mobilisation de la quasi-totalité de la population mondiale sur la question du captage et de la distribution de l'énergie, le libre accès pour chaque être humain aux réseaux mondiaux. Avec cette troisième révolution industrielle, Rifkin propose de passer d'une civilisation organisée autour des rapports de forces géopolitiques à une « politique de la biosphère ».

Cependant, à l'analyse, on s'interroge. Comment construire ces réseaux ? N'est-ce pas trop compliqué, trop coûteux, trop consommateur de matières et d'énergies ? Sa troisième révolution industrielle n'est-elle pas une simple fable destinée à mimer l'adaptation des industriels aux nécessités écologiques ? Une notion tout juste bonne à contenter les dirigeants des grandes entreprises qui vont s'engouffrer dans cette technologisation à outrance pour accroître leurs profits et s'exonérer de leurs responsabilités sociales et environnementales. Dans le monde de Rifkin, le pouvoir passe aux experts, aux technologies et aux multinationales. On contourne les groupes du secteur de l'énergie mais on se fond dans les groupes du secteur de l'informatique et de l'information. Le monde repose sur des systèmes ultra sophistiqués en réseaux, via des serveurs géants aux mains de quelques entreprises mondiales qui récupèrent au passage et exploitent des données de type *Big Data*. L'homme s'efface. Le concept de Rifkin n'est-il pas tout simplement symptomatique des illusions de la futurologie américaine ? On évite toute remise en cause politique ou sociale et on attend des technologies qu'elles nous livrent clé en main un monde de bonheur qui résoudra nos antagonismes de type croissance verte autoproclamée/pénurie de ressources, entropie/expansion miraculeuse des énergies, liberté individuelle/société de contrôle, dispersion de la puissance/centralisation de la gouvernance mondiale. Au final le concept de troisième révolution industrielle sera peut-être pertinent localement, en certaines circonstances précises. Mais pas nécessairement au niveau mondial, comme l'envisage Rifkin.

Nous pouvons douter d'emblée, c'est certain, de l'intérêt des travaux de Rifkin. Nous pourrions en rester là et classer ces travaux au rayon des utopies scientistes caractéristiques de la futurologie américaine. Mais il serait dommage de ne pas poursuivre sa réflexion. Car nul n'est allé plus loin que lui dans la projection sur le long terme de l'impact possible des évolutions technologiques en cours. Il est à ma connaissance le seul prospectiviste à avoir intégré pleinement les perspectives biophysiques de l'ère de l'anthropocène, même s'il n'utilise jamais ce terme. Du coup, sa passion pour les technologies, sa connaissance des enjeux stratégiques économiques et politiques, du monde de l'entreprise et des nations, associés à sa sensibilité aux enjeux environnementaux, lui confèrent un statut à part dans le domaine de la prospective. Et sa croyance dans les bienfaits de l'innovation technologique, fut-elle utopique, lui permet de mettre à jour d'intéressantes analyses et préconisations dont il serait dommage de se priver. Pour Rifkin, sortir de ce qu'il nomme la seconde révolution industrielle, c'est-à-dire de l'âge du pétrole, est une nécessité vitale. Une nécessité qui impose d'opérer une transition rapide vers un régime énergétique entièrement neuf, et donc vers un nouveau modèle industriel, si l'on veut éviter un effondrement de la civilisation.

Dans son dernier ouvrage[32], Rifkin a franchi un nouveau pas dans la conception de sa troisième révolution industrielle. Cette révolution devrait aboutir à une nouvelle et puissante plateforme technologique, car l'Internet des Objets (IOT) donne le coup d'envoi d'un véritable changement de paradigme par association de l'Internet des communications, de l'Internet de l'énergie et de l'Internet de la logistique.

> l'Internet des objets connectera tout et tous dans un réseau mondial intégré. Pour alimenter en Big Data son système nerveux planétaire, on fixe déjà des milliards de capteurs sur les ressources naturelles, les chaînes de production, le réseau électrique, les réseaux logistiques, les flux de recyclage, et on en implante dans les logements, les bureaux, les magasins, les véhicules et même les êtres humains. Les prosommateurs[33] pourront se connecter au réseau et utiliser le Big Data, l'analytique et les algorithmes pour améliorer l'efficacité, accroître énormément la productivité et réduire à presque rien le coût marginal de production et de partage d'une large

---

[32] Jeremy Rifkin, *La nouvelle société du coût marginal zéro*, Babel, 2014.

[33] Le terme « prosommateur » renvoie chez Rifkin à l'association des rôles de producteurs et de consommateurs de tout être humain dans le nouveau modèle économique qu'il propose.

gamme de biens et services, exactement comme ils le font aujourd'hui pour les biens informationnels[34].

Selon Rifkin les potentialités liées à ce changement de paradigme sont immenses et, pour la problématique qui nous occupe ici, possiblement déterminantes. Dans son style emphatique, Rifkin n'hésite pas en effet à avancer que « l'Internet des objets aide l'humanité à se réinsérer dans la chorégraphie complexe de la biosphère et, ce faisant, il accroît considérablement la productivité sans compromettre les relations écologiques qui gouvernent la biosphère[35] ». Comment pareil miracle serait-il possible ? Parce que la troisième révolution industrielle fonctionnera exactement à l'inverse des deux précédentes : alors qu'au cours des deux premières révolutions industrielle, les paradigmes technicoéconomiques intimaient de segmenter le tout de l'expérience humaine, de tout séparer dans l'optique de maximiser les échanges, la propriété privée et les profits individuels, la plateforme intelligente de l'Internet des objets fait l'inverse : elle intègre l'environnement bâti et l'environnement naturel au sein d'un même réseau fonctionnel. Ce réseau permet à tous les humains et à tous les objets de communiquer entre eux et de rechercher toutes les synergies pertinentes, et il fluidifie ces connexions en « optimisant l'efficacité énergétique de la société tout en assurant le bien-être global de la Terre… Les traits émergents du paradigme émergent sont clairs : utiliser moins de ressources de façon plus efficace et productive au sein d'une économie circulaire, et passer des énergies à base de carbone aux énergies renouvelables[36]. » Voici comment, selon Rifkin, une nouvelle révolution industrielle pourrait rendre possible une transformation globale du mode de vie des sociétés humaines sur terre et

---

[34] Jeremy Rifkin, *op. cit.*, p. 24.
[35] *Ibid.*, p. 28.
[36] *Ibid.*, p. 28.

nous mettre « sur la voie d'un avenir durable et abondant ». Il faudra pour cela éviter, comme lors des précédentes révolutions industrielles, l'éclosion de monopoles de l'information. La plateforme dont parle Rifkin est conçue pour être ouverte, distribuée et collaborative. N'importe qui peut y avoir accès, en tout lieu et à tout moment. S'il le faut, les entreprises du Big Data pourront être nationalisées pour leur éviter d'être accaparées par des intérêts privés.

Chacun des trois Internets permet aux deux autres de fonctionner. Sans communication, pas de gestion de l'activité économique. Sans énergie, pas de création d'informations ni d'alimentation du transport et des échanges. Sans logistique, pas de répartition de l'activité économique le long de la chaîne de valeur. La physiologie du nouvel organisme économique issu de la troisième révolution selon Rifkin est constituée par ces trois systèmes opératoires fonctionnant ensemble. Il s'agit d'une plateforme qui commence déjà à fonctionner, estime Rifkin, nous devons en comprendre les tenants et aboutissants et l'aider à se déployer le plus rapidement possible, avant que la facture entropique issue des première et deuxième révolutions industrielles n'enfle démesurément et ne condamne définitivement les possibilités d'une vie humaine sur la terre à horizon BH22.

Une nouvelle infrastructure mondiale intelligente ?

Il faut mesurer et apprécier à leur juste valeur les implications de ces évolutions possibles. Qui, demande Rifkin, aurait pensé voici vingt-cinq ans qu'un tiers de l'humanité communiquerait aujourd'hui sur d'immenses réseaux mondiaux regroupant des centaines de millions d'individus pour échanger des fichiers texte, audio, image ou vidéo ; que quasiment toutes les connaissances du monde seraient accessibles à partir d'un petit boitier portable, de partout dans le monde ou presque ; que l'on pourrait si on le souhaite envoyer à un milliard d'individus, simultanément, d'un seul geste, la présentation d'une idée, d'un projet ou d'un produit que l'on souhaite partager ; le tout à un coût proche de zéro ? Et si je vous disais que dans les vingt-cinq ans à venir, explique-t-il, l'essentiel de l'énergie nécessaire pour chauffer votre domicile, alimenter tous vos appareils domestiques, faire fonctionner votre entreprise, pourrait transiter par un petit engin mobile similaire à un téléphone portable ? En 2030, explique Rifkin,

> 100 000 milliards de capteurs seront connectés à l'Internet des objets. D'autres dispositifs de captage, notamment les technologies de télédétection aérienne, les fichiers-journaux, les lecteurs d'identifications par radiofréquence et les réseaux de capteurs sans fil, contribueront à la collecte du Big data sur une large gamme de sujets – de l'évolution du prix du courant sur le réseau au trafic logistique sur les chaînes d'approvisionnement, des flux de production sur les chaînes de montage aux services dans les agences locales et les sièges sociaux ou au suivi en temps réel des activités des consommateurs… L'infrastructure intelligente enverra un flux continu de Big Data à toute entreprise connectée au réseau, qui, en le traitant par l'analytique avancée, pourra créer des algorithmes prédictifs et des systèmes automatisés pour améliorer son efficacité énergétique, accroître considérablement sa productivité et réduire ses coûts marginaux sur toute la chaîne de valeur à un niveau proche de zéro[37].

[37] *Ibid.*, p. 111.

Prenons l'exemple du potentiel de la fabrication additive, ou impression 3D. De nombreuses entreprises produisent déjà aujourd'hui des biens physiques à la façon dont un logiciel produit de l'information dans les formats audio ou vidéo. On doit, explique Rifkin, s'attendre avec de telles innovations à passer des processus traditionnels de *manufacture* à des processus *d'infofacture*. Car en effet, l'essentiel du travail est, avec les procédés de fabrication additive, effectué par les logiciels. Pour fonctionner, insiste Rifkin, toute société a besoin d'un moyen de communication, d'une source d'énergie et d'une forme de mobilité. La conjonction de l'Internet des communications, de l'Internet de l'énergie et de l'Internet de la logistique dans un internet des objets apporte le système nerveux cognitif et les moyens physiques nécessaires pour intégrer toute l'humanité sur des communaux mondiaux interconnectés, qui couvrent l'ensemble de la société. C'est ce qu'il faut entendre lorsque l'on parle de « villes intelligentes », « régions intelligentes », « continents intelligents », et « planète intelligente ». Nous sommes proches de l'évocation d'un nouveau paradigme industriel, utopique ou non. « L'internet des objets émergents constitue la première révolution de l'infrastructure intelligente dans l'histoire[38] », affirme Rifkin.

Les changements introduits par la mise en place d'une plateforme de type Internet des objets et de communaux collaboratifs ne se limitent pas à modifier les règles du commerce entre les nations et les hommes. Car chaque matrice énergie/communication s'accompagne d'une série de prescriptions générales sur les modes d'organisation pertinents de la société et de la vie économique. Ces prescriptions dépendent naturellement des possibilités

---

[38] *Ibid.*, p. 110.

matérielles ouvertes par les nouvelles technologies mises en œuvre. Au fil du temps, elles forment un système de repères et de croyances qui caractérisent le paradigme en émergence. Le consommateur laisse la place au « prosommateur », c'est-à-dire à l'individu à la fois producteur et consommateur des produits qu'il recherche. Rifkin voit poindre un nouveau projet de civilisation qui consisterait à viser l'accumulation du capital social plutôt que du capital financier. Il bannit définitivement le recours aux indicateurs de richesse de type PIB, qui se contentent de compiler la somme des biens et services produits au cours d'une année, sans effort pour distinguer le positif du négatif du point de vue de la biosphère.

L'IOT, explique Rifkin, trouve son pendant dans les « communaux collaboratifs émergents ». La plateforme émergente est configurée pour être distribuée par nature, dans le but de faciliter les collaborations et les recherches de synergies. De ce fait, nous allons vers de profondes mutations. « Les communaux collaboratifs modifient déjà profondément la vie économique. Les marchés commencent à céder la place aux réseaux, la propriété devient moins importante que l'accès, la quête de l'intérêt personnel est tempérée par l'attrait des intérêts collaboratifs et le rêve traditionnel de l'enrichissement personnel est supplanté par le nouveau rêve de la qualité de vie durable[39] ». La « démocratisation » de la communication, de l'énergie et de la logistique donne à des millions d'individus un nouveau type de pouvoir individuel. Et ce pouvoir est d'autant plus important qu'il est partagé. Pour les nouvelles générations, avance Rifkin, il n'y a plus contradiction, mais bien complémentarité, entre l'esprit d'entreprise et l'esprit social.

---

[39] *Ibid.*, p. 63.

Pour Rifkin, la troisième révolution industrielle pourrait rebattre les cartes entre modèles concurrentiels et modèles coopératifs. Dans un monde capitaliste dont les logiques configurent les comportements humains en termes de concurrence et d'intérêt personnel, le concept même de coopérative peut paraître incongru, presque déplacé, tout juste bon à gérer les petites affaires relatives à la vie domestique ou associative. Dans ce monde, l'idée d'un modèle fondé sur la collaboration, l'échange, l'équité et la durabilité semble inopérante, peu susceptible d'atteindre un optimum économique. Nous savons bien, cependant, qu'une grande partie de l'humanité organise déjà sous ce modèle plusieurs pans de sa vie économique. Avec cette révolution industrielle, estime Rifkin, tout pourrait s'inverser. L'Internet des objets pourrait avantager des centaines de milliers de petites entreprises, à condition que les flux de données issus du Big Data restent en source vraiment libre. Ces entreprises pourraient alors profiter du « pouvoir latéral favorisé par la nouvelle configuration distribuée et collaborative des communications et de l'énergie… La perspective d'une infrastructure et d'un paradigme économique permettant de réduire les coûts marginaux à zéro ou presque compromet la viabilité de l'entreprise privée, puisque son existence même dépend du profit. Le modèle des coopératives est le seul qui fonctionnera dans une société du coût marginal quasi nul… Des milliers de coopératives d'électricité et d'énergies vertes apparaissent dans le monde entier : elles constituent un tissu de communaux qui facilité le partage pair à pair du courant sur des réseaux de transmission régionaux et continentaux[40]. »

[40] *Ibid.*, p. 322-323.

Pour Rifkin, la révolution en cours nous fera passer d'un régime économique essentiellement régi par la propriété privée et la concurrence à un régime régi par la gratuité et l'échange permanent. « La démocratisation de l'innovation et la créativité sur les communaux collaboratifs émergents engendre un nouveau type d'incitation, qui repose moins sur l'attente d'une récompense financière que sur le désir d'améliorer le bien-être social de l'humanité[41]». Les notions d'accès aux réseaux deviennent prépondérantes par rapport à la recherche de propriété. « Le contrôle central des activités d'affaires capitule face à la production pair à pair, latérale et distribuée, l'échange de propriété sur les marchés devient moins important que l'accès aux biens et services partagés sur les réseaux, et le capital social devient plus précieux que le capital financier pour orchestrer la vie économique[42] ». Examinons de plus près comment Rifkin imagine cette révolution dans les modèles économiques en vigueur.

Au début de la seconde révolution industrielle, il avait fallu peu de temps aux principaux acteurs de l'économie pour comprendre que de nouvelles formes d'organisation seraient nécessaires, et qu'elles auraient de lourdes implications sur la gestion des activités économiques et des modes de vie. Ces acteurs comprirent rapidement que chacune de leurs activités n'était pas en concurrence, mais plutôt en synergie. Le développement de chacune n'entravait pas celui de sa voisine, mais au contraire la soutenait. Les entreprises des domaines du pétrole, de l'automobile, du téléphone, du transport, de la construction, et de l'immobilier avaient tout intérêt à collaborer entre elles. Aucun de ces domaines d'activité

---

[41] *Ibid.*, p. 40.
[42] *Ibid.*, p. 225.

n'aurait pu se développer pleinement sans que l'autre ne lui apporte ses équipements. Chacun multipliait le besoin de l'autre. « Raffiner le pétrole, produire les automobiles, construire les routes, installer les lignes téléphoniques et le réseau électrique, bâtir les nouvelles banlieues et institutionnaliser les pratiques d'affaires modernes n'étaient pas des activités économiques séparées mais les composantes d'une seule et unique entreprise : une deuxième révolution industrielle[43] ». Tous les milieux d'affaires liés à ces activités avaient bien compris que leurs objectifs commerciaux s'intégraient à une vision globale partagée : celle de l'exploitation maximisée de l'énergie fossile. Il faudrait qu'il en soit de même aujourd'hui, dans le cadre d'une nouvelle révolution industrielle dont le paradigme de base aura été modifié. Rifkin estime que cette troisième révolution est en marche. « Nous assistons aujourd'hui à la convergence d'un nouveau moyen de communication et d'un nouveau régime énergétique – à une troisième révolution industrielle. Des entreprises qui travaillent dans des domaines tout à fait différents – énergies propres, construction verte, télécommunications, micro-production d'électricité, réseau informatique distribué, transport électrique branchable et à pile combustible, chimie durable, nanotechnologie, gestion zéro carbone de la chaîne d'approvisionnement et de la logistique, etc. – sont en train de développer une large gamme de technologies, de produits et de services inédits[44] ». Nous n'avions pas encore repéré cette mutation, explique Rifkin, parce que nous étions dépourvus du récit global cohérent permettant d'associer les différentes manifestations de ces évolutions. Nous n'avions pas connaissance de cette nouvelle histoire en train de se créer. Du coup, nous ne disposions pas des

[43] *Ibid.*, p. 195.

[44] Jeremy Rifkin, *La troisième révolution industrielle*, p. 196.

mots pour la décrire. Mais aujourd'hui, avec le couperet clair que représente la menace de changement climatique, nous commençons à comprendre le sens de cette évolution, nous percevons mieux les liens entre chacun de ces éléments, nous entrevoyons la logique et la pertinence d'un nouveau récit économique capable de nous projeter à horizon BH22 sans avoir à redouter l'effondrement. « C'est lorsque nous découvrons comment ces éléments sont liés les uns aux autres et créent une nouvelle conversation économique que les têtes commencent à se tourner. C'est ce qui est en train de se passer maintenant, car les visionnaires de la troisième révolution industrielle se font coauteurs des chapitres introductifs d'un nouveau récit pour l'économie mondiale[45]. »

Prenons de nouveau l'exemple de la fabrication additive. Elle est à la fois locale et mondiale. Elle est surtout très mobile : les infofabricants ont essentiellement besoin d'une infrastructure Internet des objets à laquelle se connecter. Pour le reste, leur lieu d'implantation peut varier et s'adapter en fonction des plateformes de livraisons de leurs productions. Sur ce sujet, Rifkin voit les choses de la façon suivante : les prosommateurs, toujours plus nombreux, fabriqueront et utiliseront de plus en plus de produits simples à leur domicile. Les PME spécialistes de la 3D, qui se spécialiseront dans des productions plus complexes, se rassembleront vraisemblablement, parfois transitoirement, dans de petites zones industrielles ou de simples parcs technologiques locaux. Au niveau le plus global, celui de la planète, on peut imaginer que les volumes globaux qui transiteront dans les circuits logistiques classiques seront en recul. Il pourrait en résulter de nouvelles façons de considérer les questions d'aménagement du territoire, au niveau mondial.

---

[45] *Ibid.*, p. 196.

«À l'ère de l'économie distribuée et collaborative, de petits centres urbains de 150 000 à 250 000 personnes, entourés d'espaces verts rendus à la nature, pourraient bien remplacer lentement les centres villes à forte densité et les banlieues tentaculaires[46]. » Concédons à cette vision quelque peu idyllique de Rifkin que la moindre petite chance d'éviter les gigantesques agglutinations de populations que nous prédisent les démographes et les prospectivistes pour les vingt années à venir, la moindre de ces chances vaut la peine d'être étudiée de près.

Le changement dans la façon de concevoir la Terre devrait avoir des conséquences profondes dans l'élaboration des stratégies et des politiques d'habitation de cette Terre. C'en est terminé de la vision social-darwiniste de la nature comme champ de bataille où des individus sont priés de s'affronter, par la guerre ou les tactiques concurrentielles, afin d'accaparer le maximum de ressources terrestres pour eux-mêmes ou leurs proches. Selon la nouvelle vision scientifique qui émerge, explique Rifkin, on perçoit l'évolution de la vie et celle de la géochimie de la planète comme un processus de création conjointe où chacun s'adapte plutôt qu'il ne s'affronte. Puisqu'il devient clair que l'homme a acquis une force géologique, il devient clair en même temps que l'état du monde dépend directement de nos stratégies humaines. Donc que le devenir du monde résultera de notre capacité à coopérer avec tous les constituants du monde vivant. Les écologistes nous rappellent aujourd'hui que les relations synergiques et symbiotiques au sein et entre les espèces contribuent tout autant que les pulsions concurrentielles et agressives à garantir la survie de chaque organisme. C'est toute notre vision occidentale du monde comme celle d'un

---

[46] Jeremy Rifkin, *La nouvelle société du coût marginal zéro*, p. 140-141.

marché sur lequel il suffirait d'ajuster l'offre et la demande qui chavire. Rifkin voit dans l'avènement de cette troisième révolution industrielle l'opportunité d'un ré-enchâssement des stratégies économiques dans l'ensemble des logiques écologiques.

> Le tournant des régimes énergétiques, du fossile au renouvelable distribué, va redéfinir la notion même de relations internationales en termes bien plus proches de la pensée écologique. Puisque les énergies renouvelables de la troisième révolution industrielle sont abondantes, omniprésentes et faciles à partager mais nécessitent une intendance collective de l'écosystème de la Terre, les probabilités de l'hostilité et des guerres pour l'accès se réduisent et celles de la coopération augmentent. À l'ère nouvelle, la survie est moins affaire de concurrence que d'insertion. Si la Terre fonctionne comme un organisme vivant constitué, strate sur strate, de relations écologiques interdépendantes, notre survie même dépend de notre aptitude à sauvegarder, par nos efforts mutuels, le bien-être des écosystèmes mondiaux dont nous faisons tous partie. C'est le sens profond du développement durable et l'essence de la politique de la biosphère[47].

Une sorte d'exaltation émerge souvent à la surface des écrits de Rifkin. « L'infrastructure Internet des objets offre un espoir réaliste de remplacer rapidement l'énergie fossile par l'énergie renouvelable et de ralentir le changement climatique[48] ». Il estime que la véritable question ne concerne pas la faisabilité de ce projet, mais la rapidité de sa mise en œuvre. « La question se pose alors en ces termes : la nouvelle infrastructure pourra-t-elle être déployée assez vite dans le monde entier pour réduire significativement les émissions de dioxyde de carbone et des autres gaz à effet de serre, avant que le changement climatique n'ait tant bouleversé le système hydraulique de

---

[47] *Ibid.*, p. 268-269.
[48] *Ibid.*, p. 433.

la planète qu'il serait trop tard pour redresser la situation ?[49] »

Lorsque nous serons de plein pied dans la troisième ère industrielle de Rifkin, c'en sera terminé des manuels de scolarisation qui décrivent la Terre comme un réservoir passif de ressources à extraire, triturer et manufacturer pour les transformer en capital productif, puis en propriétés privées pour le bénéfice d'individus en quête de consommation et d'accumulation toujours croissantes. Les programmes scolaires à venir décriront la biosphère selon des termes nouveaux : elle deviendra un *commun* fait d'innombrables relations qui agissent en symbiose pour permettre à la vie toute entière de s'épanouir sur une même planète. Une vision réductionniste de l'acquisition de connaissances, caractéristique d'une ère industrielle fondée sur l'isolement et la privatisation des événements et des phénomènes, sera graduellement remplacée par une pédagogie de l'expérience systémique, au sein de laquelle la colonne vertébrale du savoir sera la compréhension des multiples rapports qui unissent ces phénomènes. Il s'agira de se familiariser avec une nouvelle logique d'optimisation du bien-être sur des communaux collaboratifs en réseau, une logique qui fera des rapports de l'humanité avec la biosphère le fondement de sa grille d'évaluation de l'agir individuel et collectif. « À l'ère qui vient, le jeu profond des communaux collaboratifs devient aussi important que le travail acharné dans l'économie de marché a pu l'être. Amasser du capital social sera aussi précieux demain qu'accumuler du capital financier l'a été hier. Ce ne sera plus la prospérité matérielle mais l'attachement à la communauté et la quête de transcendance et de sens qui donneront la mesure d'une

[49] *Ibid.*, p. 433.

vic[50]. » Et ceci, estime-t-il, est davantage un enjeu de rapidité d'évolution organisationnelle et politique que de faisabilité technique. « Les deux économies vont s'habituer à fonctionner de plus en plus en partenariat hybride, et au milieu du XXIe siècle, les communaux collaboratifs seront progressivement devenus dominants et l'économie capitaliste se sera rétractée dans un rôle de supplément[51]. » Sauf blocages de la part des pouvoirs et intérêts en place, une électricité verte pourrait être quasi gratuitement à la disposition de tous les êtres humains d'ici vingt-cinq ans, dit-il. Et il pourrait par la suite en être de même pour la logistique, voire pour la fabrication additive, au moins pour les produits basiques. Et Rifkin se dit « relativement optimiste » dans la capacité d'une « société du coût marginal quasi nul », une société donc qui aurait admis et promu plutôt que freiné sa troisième révolution industrielle, de faire passer l'espèce humaine d'une économie de la pénurie à une économie de l'abondance durable, au cours de la première moitié du XXIe siècle[52]. Cette longue citation permet de bien saisir le fond de l'argumentation de Rifkin.

> Une nouvelle infrastructure intelligente, composée d'un Internet interactif des communications, de l'énergie et de la logistique, commence à se répandre par nœuds, comme le wifi, de région en région, à travers les continents et à connecter la société dans un immense système nerveux mondial. La connexion de tout avec tous, - l'Internet des objets – est une grande transformation dans l'histoire de l'humanité, qui permet pour la première fois à notre espèce de pratiquer une empathie et une convivialité générales au sein d'une seule et même famille étendue. Les jeunes font leurs études dans des salles de classe mondiales *via* Skype, ; ils fréquentent les autres jeunes du monde entier sur Facebook ; ils bavardent avec des

[50] *Ibid.*, p. 201.
[51] *Ibid.*, p. 441.
[52] *Ibid.*, p. 442.

> centaines de millions de pairs sur Twitter ; ils partagent en ligne maisons, vêtements, et presque tout le reste sur l'Internet des communications ; ils produisent et partagent l'électricité verte à l'échelle continentale sur l'Internet de l'énergie ; ils partagent voitures, bicyclettes et transports publics sur l'Internet de la logistique en gestation ; et, ce faisant, ils détournent le parcours humain d'une allégeance indéfectible à la croissance matérielle sans frein ni limite, et l'orientent vers l'engagement de notre espèce pour le développement durable. Cette transformation s'accompagne d'un changement du psychisme humain – le grand bond vers la conscience biosphérique et l'ère collaborative[53].

Cette mutation serait-elle capable de modifier les déterminants de la facture entropique de l'ère industrielle toute entière ? Rifkin ne s'interroge pas en ces termes, mais, fait-il remarquer, cet esprit collaboratif est déjà en train de s'étendre à la biosphère, et la vraie question est celle de la rapidité avec laquelle nous saurons opérer ce type de transition. Et tout ne semble pas perdu, laisse-t-il entendre. Les enfants du monde entier étudient aujourd'hui la question de leur *empreinte énergétique*. Avant que leurs professeurs n'aient réellement compris de quoi il s'agit, ils seront capables de comprendre que la biosphère est un village planétaire et que sa santé et son bien-être déterminent le leur. Au travers de communaux collaboratifs, ils seront capables de centaines d'actions locales et, pourquoi pas, d'actions de grande d'envergure susceptibles d'imprimer à l'humanité de nouvelles priorités, de nouveaux rythmes, de nouvelles valeurs. Le « mien » et le « tien » n'ont déjà plus la même force d'attraction pour eux, la question de la propriété devient hors sujet, ils éliminent les frontières idéologiques et font éclater la pensée en silo de leurs parents. Ils cherchent à penser en « source ouverte ». « Ils ont dépassé le marché capitaliste même quand ils continuent à l'utiliser. Ils ne

---

[53] *Ibid.*, p. 449.

voient aucun problème à mener une grande partie de leur vie économique sur des communaux collaboratifs en réseau et à entrer en contact entre eux dans l'économie sociale autant que dans l'économie de marché[54] ».

Les limites d'une économie circulaire

Indépendamment de tout rapport avec le concept de troisième révolution industrielle de Rifkin, la sensibilisation des milieux industriels aux questions environnementales n'est pas restée totalement inhibée. Depuis que certaines ressources naturelles s'avèrent limitées, les partisans du développement durable mettent en avant la notion de recyclage et d'économie circulaire, et ces idées commencent à imprégner la réflexion de certains industriels, quoique très timidement, nous y reviendrons dans les chapitres ultérieurs. Les techniques de recyclage, lorsqu'elles sont optimisées, permettent effectivement des baisses d'utilisation de matières premières très significatives, même si cela ne semble pas de nature à modifier grandement le problème de la limitation des ressources naturelles. En effet le recyclage n'est pas une boucle étanche. Quand il n'est pas mis en avant seulement pour éviter tout effort de réduction des déchets à la source. Le mélange de matériaux très divers dans les produits de consommation courante conduit à des difficultés pour dissocier ces matériaux. Mélanges, composites, alliages, composants miniaturisés et intégrés sont de véritables dilemmes pour le recyclage. Et la plupart des matériaux, lorsqu'ils sont recyclables, ne le sont pas à l'infini. Les qualités des matériaux s'altèrent au cours des opérations

[54] *Ibid.*, p. 450.

de recyclage. Le papier par exemple ne peut être recyclé qu'entre trois et six fois. Les sur-tris destinés à éliminer les impuretés conduisent à des déperditions de matière. En fait la matière, comme l'énergie, s'oxyde, se casse, se disperse, se dissipe continuellement et irrémédiablement.

L'objectif ultime de l'économie circulaire serait, dans l'idéal, de parvenir à découpler la croissance économique de l'épuisement des ressources naturelles par la création de biens et services reposant sur des modèles d'affaire disruptifs. Il s'agirait par exemple de rallonger grandement les flux de matière (réemploi, circuits courts, recyclage) et de production (écoconception, réparation, interdiction de l'obsolescence programmée, réutilisation, recyclage) tout au long de la vie des produits. Serait privilégiée la création de boucles de valeur positive à chaque étape de la vie d'un produit, de la matière initiale à la destruction finale. L'économie circulaire voudrait rompre avec le schéma linéaire des processus de productions traditionnels, qui va de la conception à la destruction, et proposer une logique de boucles où l'on rechercherait systématiquement la création de valeur positive à chaque étape de l'industrialisation. Elle voudrait s'extraire du schéma où l'on part d'une matière pour aboutir à des déchets. Elle voudrait éliminer la notion-même de déchet, chaque résidu d'une filière industrielle étant comprise comme la matière première d'une autre.

C'est un objectif vertueux, qui renvoie à une réalité industrielle encore en gestation. Car augmenter les taux de recyclage est une affaire complexe, et dont les résultats restent à ce jour limités. Il ne suffit pas de collecter les produits en fin de vie et de les intégrer dans une chaîne de traitement, il faudrait revoir en profondeur la conception même des produits, tant pour les composants utilisés (comment recycler un téléphone portable et ses dizaines de composants différents ?) que pour les matières premières utilisées (comment démêler des composants minéraux et organiques fusionnés, comme dans les plastiques, les objets imprimés sur les boîtes de conserve ?). Philippe Bihouix résume ainsi l'équation du recyclage industriel : « Perte par dispersion (à la source), perte mécanique (la boîte de conserve, l'agrafe, le stylo, partis à la décharge), perte fonctionnelle (par recyclage inefficace), perte entropique (marginale) : tel est notre destin, le cercle vertueux du recyclage est percé de partout, et à chaque cycle de consommation on perd de manière définitive une partie des ressources »[55]. Il faut aussi vérifier que les gains écologiques globaux des opérations de recyclage ne sont pas annulés par des consommations d'énergies trop importantes, par des opérations de délocalisation et de transports trop coûteux, par des effets de quantité insuffisants pour amortir la mise en place de certaines filières de recyclage. Enfin, insiste Bihouix, les technologies que nous espérons salvatrices ne font souvent qu'accroître nos problèmes de fond : les produits *high tech* ou technologies vertes, présentés comme éco compatibles, sont généralement basés sur des nouveaux procédés, des métaux moins répandus et contribuent à la complexité des produits, et donc à la difficulté du recyclage. Ni les biotechnologies, ni les nanotechnologies, estime-t-il, ne peuvent nous aider à répondre aux défis croissants du manque de matières premières. Les modèles économiques de Rifkin font l'impasse sur cette question. On peut viser à baisser « l'intensité en ressources » de l'économie, dans des proportions qui restent de toute façon faibles, mais la « dématérialisation de l'économie » est un leurre. Bihouix prend, lui aussi, l'exemple de la fabrication additive, et montre en quoi les miracles attendus de cette innovation

[55] Philippe Bihouix, *L'âge des low tech, Vers une civilisation techniquement soutenable*, p. 69.

ne conduiront pas à réduire nos besoins en matières premières mais à les augmenter. Il tempère donc largement l'enthousiasme de Rifkin sur ce sujet. On présente l'impression 3D, dit-il, comme une promesse d'autonomisation de la production, de relocalisation du processus de fabrication sur le lieu de consommation, de prolongement de la vie des objets en fabricant facilement des pièces de rechange. En fait, explique Bihouix, l'impression 3D ne permettra de fabriquer que des babioles, et certaines pièces complexes, en petites séries, pour l'industrie. Aucun des grands processus de fabrication ne sera remplacé par l'impression 3D, qui utilisera donc des matières, pour fabriquer, en plus de nos consommations habituelles, quelques produits, parfois insolites, souvent très personnalisés.

On pourrait élargir le propos et mentionner d'autres études qui questionnent la capacité des nouvelles technologies à améliorer l'efficacité énergétique et l'empreinte matière d'une économique informatisée[56]. L'infrastructure planétaire de l'Internet, comprenant les terminaux, les serveurs et les réseaux, consomme de grandes quantités de matières rares et d'énergies fossiles. Les très lourds investissements dans ce secteur permettent certes d'économiser l'empreinte écologique globale en ce qui concerne la transmission d'informations, mais au prix d'une multiplication des échanges et de la création de nouveaux services très gourmands, eux aussi, en énergies et matières. Rappelons l'exemple maintes fois cité du passage de la photographie de l'ère de l'argentique à celle du numérique : oui, le coût écologique global d'une photo

---

[56] Par exemple, entre autres analyses à ce sujet : *La face cachée du numérique. L'impact environnemental des nouvelles technologies*, L'Echappée, Paris, 2013, par Fabrice Flipo, Michèle Bobré, Marion Michot.

numérique est nettement moins élevé que celui de la photo argentique, mais la conséquence de cette nouvelle technologie s'est surtout traduite par une explosion du nombre de photos et de vidéos transitant sur les réseaux, les bases de données et les plateformes de stockage d'informations.

Pour Bihouix la fuite en avant dans le *high tech* ne résoudra donc pas le problème de ressources qui se profile devant nous. « Au mieux, il s'agit de bonnes idées, mais que nous ne mettrons pas en œuvre à la vitesse et aux ordres de grandeur nécessaires, tant s'en faut. Au pire, il s'agit de nouvelles technologies et de tendances néfastes, qui ne font et qui ne feront qu'accélérer le système qui nous a conduits à l'impasse. Entre les deux, quelques tartes à la crème technologiques, sans intérêt, font la joie des médias, des conseillers en développement durable et des économistes et sociologues prospectivistes faussement ou réellement naïfs[57]. » C'est pourquoi Bihouix propose un modèle de société *low tech*, ou basses technologies, par opposition, on l'aura compris, au *high tech* qui, lui, ne lui semble apporter aucune réponse de fond à cette question de la pénurie possible de ressources. Question consommation de ressources, dit-il, il n'y a qu'une solution qui soit vraiment durable : ralentir le développement, tel qu'il est conçu aujourd'hui. Il n'est pas envisageable de sortir « par le haut », au moyen de percées technologiques, de nos problèmes de ressources. Question développement technologique, Bihouix préconise donc de freiner, là ou Rifkin proposait d'accélérer. Ce grand écart dans les perspectives liées aux processus industriels sera éclairé sous d'autres angles encore tout au long de cet ouvrage.

---

57 Philippe Bihouix, *L'âge des low tech, Vers une civilisation techniquement soutenable,* p 111.

On le voit, le champ des possibles est effectivement immense en termes d'évolutions technologiques et industrielles. De nouveaux dispositifs de conception, production et distribution sont susceptibles de modifier grandement le mode d'inclusion de l'économie mondiale dans les équilibres de la biosphère. Entre une industrie mondialisée de type « centre de coûts » qui opère sous influence d'un libéralisme déréglementé lui intimant de baisser ses coûts de production sans égard aux considérations écologiques de son activité, et une industrie possiblement économe en énergie et en matières, intelligemment distribuée à la surface du globe, et plus directement guidée par des consommateurs attirés par le partage, la gratuité, la prosommation et attentifs au recyclage et à la durabilité des biens de consommation, il y a de quoi faire fortement varier le montant de la facture entropique de l'économie mondiale. Ou, en d'autres termes, d'accroitre le temps disponible pour mettre au point de nouveaux modèles économiques permettant de retrouver, comme avant les années 1980, une empreinte écologique globale compatible avec les capacités biophysiques de régénération des ressources naturelles de la planète.

D'autant que, c'est l'objet de la suite de cet essai, d'autres types d'alternatives semblent contenir de véritables germes de changement. Il serait donc contre-productif de s'en remettre essentiellement aux potentialités des nouvelles technologies pour nous rapprocher d'un optimum industriel. Car, que Rifkin le veuille ou non, ses propositions reposent sur un pari : le pari que sa troisième révolution industrielle deviendrait spontanément bio-compatible, alors que ses démonstrations sur ce plan restent assez vagues. Le pari, dans le fond, qu'une nouvelle couche de technologie nous permettrait, à elle seule, de sortir des impasses stratégiques dans lesquelles

les vagues d'innovations précédentes nous ont poussés. Bien utilisées, nous pouvons admettre que les nouvelles technologies offriront potentiellement de nouveaux modes d'industrialisation, mais rien ne nous exonérera du devoir de comprendre ce qui, culturellement, socialement et politiquement, nous permettra d'éviter que ces nouveaux outils ne deviennent de nouvelles armes pour une minorité en quête d'accroitre ses pouvoirs. Lewis Mumford avait saisi très tôt les limites de cette façon de concevoir l'industrie et son programme d'action. « Croire que les dilemmes sociaux créés par la machine peuvent être simplement résolus par l'invention de plus de machines est aujourd'hui [en 1934] le signe d'une pensée desséchée qui confine au charlatanisme[58]. » Pourtant, nous en sommes toujours là, près d'un siècle après les analyses de Mumford.

Voyons à présent quels autres types de ressources sont à notre disposition pour une transition de grande envergure. L'avènement de l'ère de l'anthropocène impose un nouveau cadrage cosmologique et écologique de l'agir industriel.

[58] Lewis Mumford, *Technique et civilisation*, [1934], Parenthèses, 2016, p. 359.

2. L'anthropocène, point d'Archimède pour de nouvelles stratégies

La prise de conscience soudaine de notre entrée dans l'anthropocène représente l'opportunité d'un renversement des logiques néolibérales, et un motif pour destituer les principaux acteurs de la mondialisation de leurs pouvoirs dépourvus de responsabilités effectives.

Le concept d'anthropocène modifie profondément la perception des crises environnementales et sociales actuelles. Anthropocène et mondialisation, en raison des effets de seuil qu'ils font franchir, nous font littéralement changer d'ère. L'espèce humaine est devenue si abondante, si active et si puissante qu'elle rivalise désormais avec les plus grandes forces de la biosphère en termes d'impacts sur le système Terre. Du coup, notre attention est attirée par un anthropocentrisme d'un genre nouveau. Pas du tout l'anthropocentrisme impétueux des Lumières, du Progrès, de la consommation. Une sorte d'anthropocentrisme *subi*, de faible envergure, « petit bras », un anthropocentrisme un peu coupable. Nous nous retrouvons bien malgré nous au centre de l'univers. D'une part nous sommes emprisonnés dans cette minuscule capsule locale qui s'appelle Terre, d'autre part cette Terre s'abime au rythme de nos excès démographiques et industriels, et elle propose des futurs rétrécis pour les générations à venir. Il nous faut remettre à l'endroit le titre du célèbre ouvrage d'Alexandre Koyré[59], et envisager de « quitter un monde infini pour revenir au monde clos » ou bien, si nous y parvenons, inventer de nouveaux types d'infinis. Nous ne pouvons plus nous exonérer d'être anthropocentristes, et conscients de l'être. Le temps est terminé où les humains pouvaient jouer sur Terre un rôle

[59] Alexandre Koyré. L'ouvrage auquel il est fait référence s'intitule : *Du monde clos à l'univers infini.*

déconnecté du décor devant lequel ils défilaient. Ce sont les hommes qui fabriquent le décor, et ce décor évoluera très directement selon leurs stratégies d'acteurs. Les rôles sont redistribués. Comment avait-on pu oublier une évidence pareille pendant plus de deux siècles, nous qui sommes capables d'aller sur la lune, de dater l'apparition de la Terre et de l'homme sur cette Terre, de prédire les évolutions physicochimiques des principaux composants de la biosphère ? Le monde n'est plus un spectacle que nous pourrions regarder à distance. Nous n'avons plus le luxe de pouvoir nous considérer comme une civilisation non anthropocentrique, nous sommes dans l'obligation de reconnaître la force de notre action sur le décor terrestre, notre milieu de vie - et ceci nous procure davantage d'obligations que de droits. Là réside l'enseignement fondamental de l'anthropocène.

Mais que l'anthropocène puisse susciter une révolution copernicienne au niveau des principaux acteurs de la mondialisation, rien n'est moins sûr. Au souvenir du formidable retentissement de la première critique globale de la théorie du *développement* occidental, le fameux Rapport Meadows au Club de Rome sur les *Limites de la croissance,* publié en 1972, on peut en effet en douter. Avec du recul, il s'avère que les constats du Club de Rome n'ont pas conduit à infléchir les ambitions de croissance d'une l'économie alors en cours de libéralisation et de mondialisation. Au contraire, l'économie mondiale a cherché à améliorer ses procédés d'extraction d'énergies et de matières et ses processus de fabrication, de distribution et de consommation, toujours dans l'idée d'une poursuite de la destruction *créatrice*, optimisée par la main invisible du marché. L'anthropocène représente-il une opportunité de faire un pas supplémentaire dans cette prise de conscience ? Ou le changement climatique, phénomène plus facilement compréhensible et plus documenté dans l'opinion publique, peut-il représenter une opportunité de réviser en profondeur nos échelles de valeur ? L'idée est ici de s'interroger hors du cadre de la religion technologique et industrielle étudiée au chapitre précédent. Ou en complément de ce cadre, pour mesurer la capacité du concept d'anthropocène à modifier le cadrage cosmologique des activités humaines.

Une invitation à la reprise en main politique de l'avenir

Il faut comprendre à quel point l'anthropocène ridiculise les postulats de la science, de l'économie et des politiques contemporaines, mais la vérité de ce concept est trop brutale et trop massive pour que l'on soit capable d'en comprendre toutes les implications. Devant la difficulté de la tâche, nous cherchons par paresse à en oublier les enseignements et à vivre sans avoir à l'affronter ; il nous semble plus simple d'être complices des stratégies qui accélèrent l'entrée dans l'anthropocène que d'imaginer des virages qui nous mettraient à l'abri de ses implications, pour nous-mêmes et nos enfants. Nous refoulons la perception pourtant évidente de l'anthropocène[60]. La catastrophe s'est elle-même intégrée au cœur de notre rationalité néolibérale. Nous devons tabler sur l'idée que le politique saura contenir la perspective de catastrophe inscrite au fond du concept d'anthropocène. Sinon, incapable de résister à cette catastrophe, la raison lui offrira un boulevard en l'accélérant. En affirmant sur des bases scientifiques toujours plus sûres que l'avenir de la

[60] Jean-François Simonin, *Anticiper à l'ère de l'anthropocène.* L'étude de ce « refoulement » est l'objet central de l'ouvrage.

planète est menacé, on s'adresse à la fois aux gouvernements, aux directions des entreprises multinationales, mais aussi aux habitants de la planète. On peut bien s'affronter sur les responsabilités liées au réchauffement climatique, sur la perte en biodiversité, sur l'accroissement des inégalités, mais une chose devient certaine : c'est à nous de nous en occuper. Mais qui dispose des leviers pour réorienter les choses ? Qui est ce « nous » censé être au centre de ces problèmes ? Il est vrai qu'il n'existe à l'heure actuelle aucun consensus global, aucune instance en charge de ces questions. Il n'existe d'ailleurs aucune méthode de résolution de ce genre de problèmes. Il n'y a rien d'autre qu'un début de conscience d'un nouveau problème à prendre en charge - un problème vital pour l'avenir de l'humanité.

Il est à présent avéré que la biosphère est fragile, que ses équilibres ou sa dynamique peuvent être remis en cause par l'action humaine. L'anthropocène, c'est à la fois la prise de conscience de notre dépendance à l'égard de la biosphère, et des maltraitances que nous sommes en train d'infliger à cette biosphère, au risque clair de la détruire. Bien sûr, dans le passé, les civilisations ont eu à affronter toutes sortes de catastrophes, dont certaines étaient d'origine humaine. Mais dans l'anthropocène la puissance de renouvellement qui a si souvent sauvé l'humanité semble épuisée. Depuis que l'homme est le principal facteur déterminant l'avenir de la biosphère, il se retrouve dans l'incapacité de pouvoir compter sur quelqu'un d'autre que lui-même pour assurer cet avenir. Le *Religieux* et la *Nature*, qui ont longtemps servi de cadrage ontologique au déploiement des plus grands projets humains, s'effacent à présent devant la mondialisation, laissant l'homme seul aux manettes de son destin.

De fait, cela fait plusieurs décennies déjà que certains problèmes mondiaux font partie de notre quotidien. La faim dans le monde, l'accroissement des inégalités, le changement climatique, les angoisses liées à l'emploi du nucléaire, les diverses applications d'innovations chimiques ou génétiques, tout cela provoque nombre de questions relatives au vivre ensemble. Chacun peut en faire l'expérience à titre privé ou collectif. L'entrée dans l'anthropocène ne fait qu'indiquer le moment à partir duquel il devient ouvertement et publiquement suicidaire de continuer à ignorer ces enjeux. Mais l'anthropocène n'invite pas prioritairement à être pessimiste : il invite à être dubitatif et autocritique vis-à-vis des orientations stratégiques de la civilisation occidentale. L'avenir au début du XXIe siècle semble composé d'autant de risques de gouffres que de promesses de cimes pour les générations à venir, avec toutefois un accroissement notable des incertitudes et un net raccourcissement des horizons temporels.

L'Occident a d'abord contourné les limites naturelles de ses horizons en conquérant l'Amérique, puis au moyen de l'idéologie du *Progrès*, ensuite par le colonialisme et enfin par la mondialisation. L'anthropocène met un terme à cette fuite en avant irréfléchie dans l'espace et dans le temps. Certes, il est de l'essence du libéralisme de jouer avec les limites, avec les risques, de vivre dangereusement en quelque sorte. Le danger jouait jusqu'à présent davantage le rôle de stimulus que de frein, car l'avenir était suffisamment ouvert pour ne craindre aucune issue réellement dramatique pour l'ensemble de l'humanité. L'anthropocène impose de reconsidérer cette question, qui devient un enjeu global de civilisation. La question n'est plus seulement de savoir quelle Terre nous allons léguer à nos enfants, mais aussi quels enfants nous allons laisser sur cette Terre.

Nous n'avons pas encore adapté notre vision du monde au monde que l'anthropocène nous impose de reconnaître. Avec l'anthropocène il devient clair, exceptionnellement clair, que l'ennemi de l'homme n'est autre que l'homme lui-même. Il devient clair que nos sciences écologiques et humaines sont demeurées à un état de développement sous-critique. Avec l'anthropocène, ce ne sont plus les événements climato-biologiques qui vont déterminer le caractère de l'époque planétaire qui vient. C'est l'intrusion violente des activités humaines dans la vie de la biosphère qui dictera les événements biophysiques à venir, comme elle a commencé à le faire depuis le déclenchement de l'ère industrielle. L'humanité est devenue une force tellurique. Le concept d'anthropocène est brutal, mais il peut être précieux. Il peut susciter une prise de conscience de notre responsabilité à l'égard de la nature, c'est-à-dire à l'égard de nous-mêmes. Il n'a pas son pareil pour frapper les esprits et faire comprendre à quel point le sort de l'humanité dépend, en première instance, de l'humanité. Il amène à s'interroger sur les limites. L'anthropocène met fin à l'idée que les progrès scientifiques, technologiques, économiques peuvent assurer mécaniquement un progrès écologique, social, humain, moral. Il nous apprend aussi, pour ceux qui l'espéraient encore, que les révolutions salvatrices promises depuis la fin du XIXe siècle, ne viendront pas. Nous ferons encore quelques progrès partiels, locaux, ciblés, mais l'idée d'un progrès qui offrirait une vie meilleure aux enfants des sept milliards d'individus actuellement aux effectifs de la planète est largement remise en question. Les élites qui continuent à y croire sans réserve vivent dans un monde clos. L'anthropocène impose de reconsidérer drastiquement notre potentiel de réouverture du futur. Il invite à un humanisme régénéré d'envergure planétaire.

La seule mutation susceptible d'être à la hauteur de l'anthropocène, c'est une mutation de la pensée, de la rationalité telle que nous la mettons aujourd'hui en œuvre. Cette mutation ne devrait pas viser l'infaillibilité mais, plus modestement, à faire moins d'erreurs, à prioriser autrement les critères de décision dans la chaîne de nos valeurs. Nos sciences actuelles, nos outils de gestion et même nos méthodes prospectives découpent le futur en tranches et observent les évolutions possibles de ces petites tranches de vie, déconnectées de leurs voisines : ils négligent l'important, les interactions, les rétroactions, les interfaces. Or, le futur dans sa globalité se dessine aux interstices de ces tranches de réel appauvri. L'anthropocène doit devenir le point de départ d'un nouveau mode de calcul sur l'avenir. La confrontation à la finitude et au danger de déséquilibre biopolitique qui caractérise l'anthropocène implique clairement, comme jamais dans l'histoire de l'humanité, que le projet de civilisation le plus urgent devient celui de la conservation du monde - la seconde priorité étant de mettre au point une échelle de valeurs aptes à encadrer l'agir humain dans un contexte de risque de suicide accidentel permanent. Car l'humanité ne peut rester durablement dans un état d'immobilisme généré par une peur. Elle ne peut s'installer durablement dans le seul rôle de « gardien de l'être ». La peur est en même temps devoir d'agir. Il est urgent de réfléchir à ces nouvelles voies qui représenteront la colonne vertébrale d'un nouveau projet de civilisation.

Le danger comme catalyseur

Comme Anders, Jonas ou Dupuy, on doit considérer que la proximité de notre temps avec la menace d'une fin de l'histoire implique en premier lieu un sursaut conceptuel qui redessine les voies d'un possible avenir collectif. Il s'agit, précise Dupuy, d'imaginer « un renversement d'ordre métaphysique de nos manières de penser le monde et le temps[61] ». Il s'agit de ne pas se satisfaire d'une gestion précautionneuse des dangers, il faut envisager une métaphysique de la catastrophe qui soit susceptible de renverser nos valeurs.

Nous devons conférer à la catastrophe un véritable droit à l'existence. C'est ainsi, seulement, que l'avenir pourra acquérir un poids aussi lourd que le présent dans nos circuits de prises de décision stratégiques. A la place de notre métaphysique actuelle de l'innovation, qui porte sur elle une invitation permanente à la prise de risque avec le réel, doit s'installer une métaphysique de la vigilance, qui porte en elle l'invitation à l'anticipation et à la responsabilité totale à l'égard de l'avenir. Il ne s'agit pas d'annuler toute quête de progrès et d'émancipation, il s'agit de remettre cette quête sur des voies qui ne la conduiront pas à mettre en péril l'avenir de l'humanité. La vigilance ainsi conçue voudra se traduire en culture de la prudence. Ainsi pourra naître une nouvelle perspective de salut pour l'avenir de l'humanité, par orientation collective vers de nouvelles voies et valeurs. Intégrer la perspective de la catastrophe peut ouvrir la voie d'une nouvelle sagesse lucide.

La fin du monde est devenue l'horizon de notre présent parce que nos dispositifs techniques, industriels et financiers définissent, à la place des hommes, ce qui se fera ou ne se fera pas. Que ce soit à titre individuel ou collectif, politique, l'homme a abdiqué de son pourvoir -

---

[61] Jean-Pierre Dupuy, *Pour un catastrophisme éclairé*, Points Essais, 2004, p. 80.

son devoir - de prendre l'initiative de la construction et de la responsabilité du futur. Entre l'humanité et la biosphère s'est glissé un univers technicoéconomique qui multiplie certains de nos possibles, et en diminue d'autres. Nous ne décidons plus qu'aux interstices des messages technologiques, publicitaires et médiatiques qui paramètrent notre vision de l'avenir. Les contractions du futur qui en résultent représentent de véritables *pertes en monde*. Dire et accepter l'idée qu'il existe une logique de la catastrophe, c'est poser le principe d'un possible dépassement de cette logique, même si les moyens d'y parvenir ne sont pas à ce jour clairement identifiés. La question est : comment reprendre la main sur un monde qui se fait à présent sans nous ? Comment reprendre la main sur un ensemble de logiques technologiques, économiques, culturelles entrecroisées, dont on peine à comprendre les tenants et aboutissants, et plus encore les interactions, mais dont on sait à présent qu'elles configurent notre avenir collectif sur la longue durée ?

Il faudrait que l'anthropocène produise une nouvelle « métastructure cognitive » au sens que donne le philosophe et psychologue Sylvain Bosselet[62] à ce terme aride mais fécond. Il y a nouvelle métastructure cognitive, explique Bosselet, lorsqu'on ne demande plus « est-ce que tel acte est juste ? », mais « quels sont les critères de la justice ? ». Quand on ne demande plus « est-ce que telle œuvre d'art est belle ? », mais « quels sont les critères universels et absolus de la beauté ? ». Au sujet de la connaissance, quand on ne demande plus si telle ou telle affirmation est vraie, mais « quel est le critère universel de

[62] Sylvain Bosselet, *Qu'est-ce que l'Occident ? Enquête au cœur du progrès*, 2015, p. 48.

la vérité ? » Concept profondément intéressant pour notre problématique à l'ère de l'anthropocène. Du temps de Platon et d'Aristote, puis tout au long du Moyen-Age on concevait le monde comme géocentrique et coupé en deux. En bas résidait le monde imparfait et changeant de la terre, royaume provisoire des âmes incarnées. En haut, dans le ciel, siégeait le monde parfait, éternel, sans changement, empli d'étoiles éternelles. L'observation du ciel, dit Bosselet, semblait leur donner raison : la nuit, la voute céleste paraît bel et bien tourner autour de la terre. Survinrent Copernic et Galilée pour critiquer « cet ancien métaformatage ». On interpréta soudainement le mouvement du ciel nocturne autrement, comme une conséquence de la rotation terrestre. La perception n'était pas modifiée, contrairement à la métastructure cognitive. Bosselet illustre également son idée avec l'exemple de Darwin qui, grâce à la théorie de l'évolution des espèces, apporte soudainement de nouvelles réponses aux questions relatives à l'apparition et la disparition des espèces, ou à la formation des organes chez les êtres vivants.

« Le monde occidental, dit Bosselet, se caractérise par sa capacité à changer les métastructures cognitives. Ici réside son originalité essentielle à nos yeux[63]. » Il faudrait alors, de la même façon, que la conscience de l'anthropocène conduise à ne plus nous demander si telle ou telle orientation stratégique condamne ou ampute l'avenir de l'humanité, mais « quelles sont les conditions générales pour qu'anthropocène ne rime pas avec apocalypse ? » Serions-nous capables d'imaginer le cadre général d'une gestion de la connaissance, de pratiques technoscientifiques ou de systèmes d'échanges économiques compatibles avec les caractéristiques de la biosphère telles que les met à jour l'anthropocène ? Ce

[63] *Ibid.*, p. 50.

cadre général serait-il susceptible de reformater en profondeur les pratiques occidentales ? « Aussitôt qu'une société reconnait la valeur de nouvelles métastructures cognitives, elle s'ouvre à la possibilité de faire évoluer son cadre de connaissances[64]. » Si, comme l'estime Bosselet, l'Occident dispose de cette capacité d'améliorer ses métastructures cognitives, de les faire évoluer au fur et à mesure de l'histoire, de s'ouvrir à des changements de paradigmes, il nous appartient d'en tester la possibilité face à la question anthropocène. Le plaisir de l'innovation, du changement, peut-il aller jusqu'à nous faire accepter de changer nos pratiques techno libérales suicidaires ? On dit souvent, en reprenant l'idée formulée par Frederic Jameson, que la fin du monde semble plus facile à concevoir que la fin du capitalisme. Mais peut-être est-ce faux ? Peut-être n'est-ce pas totalement inaccessible. En tout cas, les analyses de Bosselet valent la peine d'être considérées. Si ces analyses se révélaient pertinentes, leurs implications en termes techniques, économiques et politiques seraient considérables. L'homme, nous l'avons vu, n'est pas capable de « faire l'histoire » au sens où il se dirigerait de façon consciente et collective vers des objectifs imaginés, visés, concertés. Mais s'il est capable de faire évoluer le cadre de ses connaissances, c'est une chose déjà très remarquable, qui vaut la peine d'être prise en considération.

Mondialisation, finitude et anticipation

La mondialisation appelle, elle aussi, à réviser notre perception de la totalité. Car on perçoit de nouvelles

---

[64] *Ibid.*, p. 55.

choses depuis son avènement. Jusqu'à présent, c'était la métaphysique qui avait à penser la totalité, c'était sa tâche originelle, celle qui la distinguait de tous les autres savoirs. Mais nous assistons actuellement à un renversement des rôles et responsabilités : à force de développement par spécialisation, la pensée scientifique et philosophique est à présent parcellarisée, segmentée, régionalisée, tandis que la totalité devient l'apanage de la mondialisation. Cette totalité est certes plutôt appréhendée sous l'apparence de l'opinion, voire de la consommation, que de la vérité ; mais c'est par l'opinion commune que le contemporain se sent à présent concerné par le tout, par l'avenir de l'humanité. « C'est l'opinion commune des hommes qui se sent présentement mobilisée et concernée par le tout, et c'est donc la nécessité non pas de combattre l'opinion mais de répondre à ses incertitudes et à ses angoisses qui de nouveau impose une approche métaphysique du réel et de sa totalité. *La métaphysique a pour tâche d'armer l'opinion confrontée à l'épreuve du tout pour laquelle elle n'est guère préparée,* tout en y étant nécessairement soumise par l'évolution technique.[65] » Je souligne avec force cette dernière proposition de Pierre Caye tant elle me paraît susceptible d'ébranler le système des valeurs de la civilisation occidentale. Parvenir à une vision synthétique de nos principaux enjeux redevient en effet une des tâches fondamentales à l'ère de la mondialisation et de l'anthropocène.

La mondialisation n'est pas une pensée, c'est un dispositif technicoéconomique qui vise à maximiser l'exploitation de la planète sur fond de pensée de la destruction créatrice. Car il y a un très long chemin à

---

[65] Pierre Caye, *Critique de la destruction créatrice*, Les Belles Lettres, 2015.

parcourir entre le début de prise de conscience de quelques intellectuels et les pratiques managériales effectives. Il se pourrait bien, même à l'heure de la communication interplanétaire en temps réel, que la stratégie économique mondialisée de destruction créatrice ait le temps d'épuiser complétement la biosphère avant que l'humanité ne soit en capacité d'infléchir ce destin. De nouveaux dosages entre rationalité et stratégie sont-ils envisageables ? Qu'est-ce qui les rendraient attractifs et praticables ? La mondialisation n'est pas une pensée, encore moins une pensée du tout, mais elle invite ouvertement à une pensée de la totalité. Elle requiert un nouveau savoir sur la totalité de l'expérience humaine et de son devenir. Nous sommes clairement invités à surmonter la puissance de la mondialisation, il en va de l'avenir de l'humanité. Ses crises à répétition, les appels pathétiques à retrouver le chemin de la croissance, l'accroissement des inégalités, l'épuisement des ressources, le changement climatique sont de clairs appels à trouver le moyen de surmonter cette puissance extravagante, qui ne sait pas rester dans les limites qui lui garantiraient sa propre pérennité.

Le projet d'envisager un modèle technicoéconomique soutenable sur longue durée est le pari le plus difficile qui soit. Il suppose de profondes redéfinitions des rôles et responsabilités de chacun, une nouvelle manière d'habiter le monde. Le simple fait d'envisager la poursuite de nos équilibres sociétaux ne pourra résulter d'un maintien de nos modèles actuels. Bien au contraire, ces modèles nous condamnent. Atteindre le XXIIe siècle ne sera certainement pas possible sans l'équivalent d'une *révolution* de la pensée. Il ne semble pas pertinent de viser la stabilité pour conserver nos acquis, cela paraît impossible. Il s'agit au contraire d'opérer plusieurs mutations d'envergure pour envisager de conserver quelques acquis. Atteindre le XXIIe siècle ne pourra résulter que de la mise en œuvre d'une toute nouvelle sagesse au niveau mondial. La sagesse doit réintégrer l'action elle-même, il n'y plus de place entre les deux : nous sommes trop puissants, trop nombreux, trop lourds pour risquer des divergences d'options stratégiques sur les enjeux d'envergure planétaire. Nous ne pouvons plus nous permettre d'avoir des stratégies différentes, voire des logiques concurrentielles sur des questions telles que le mode d'utilisation des énergies fossiles, les manipulations génétiques, la géo ingénierie climatique, la faim dans le monde, les paradis fiscaux.

La pensée moderne apparaît rétrospectivement comme un produit de l'idée d'infini et de ses différentes déclinaisons possibles. L'idée de finitude dont nous prenons conscience aujourd'hui est diamétralement opposée à celle des Anciens. Elle représentait chez les Anciens, et c'est encore le cas dans certaines civilisations contemporaines restées à l'écart des effets d'occidentalisation, une sagesse qui guidait l'action *a priori*, la base positive d'un art de vivre orienté par l'idée d'économie. La finitude dont nous parlons aujourd'hui est totalement différente, négativité radicale. Elle exprime l'échec des politiques de l'infini déployées par l'Occident sur de multiples fronts.

Dominique Bourg classe en trois grandes catégories ces manifestations de la finitude au sens contemporain du terme[66]. Il identifie d'abord les limites en termes de ressources énergétiques, minérales, biotiques, et en eau douce : il faut rappeler que la civilisation occidentale dépend actuellement à 80 % environ de ressources fossiles, les énergies renouvelables au sens strict du terme

---

[66] D. Bourg, K. Whiteside, *Vers une démocratie écologique. Le citoyen, le savant et le politique.* Le paragraphe qui suit fait référence aux pages 29 à 36.

ne représentant que 2 %. Non seulement les réserves en énergies fossiles sont limitées, le pétrole par exemple a déjà franchi son *pic* de production, mais la limite ici ne se mesure pas seulement à l'importance de la dot fossile de l'humanité : elle résulte plutôt des capacités d'absorption de CO^2 par la biosphère. Sans parler de l'impact environnemental et des efforts toujours plus coûteux et risqués d'extraction ou de mise au point d'énergies non conventionnelles comme les gaz de schistes ou la fusion nucléaire. Bourg identifie une triple finitude sur le front des métaux précieux ou semi-précieux : or, argent, palladium, zinc, cuivre, plomb, peut–être le fer. Ici la finitude en question est de nature *relative* car ces métaux existent vraisemblablement en d'autres lieux ou sous d'autres formes dans la géosphère. Mais il faudra mettre au point de nouvelles méthodes d'identification, d'extraction et peut être d'utilisation de ces matériaux. Une seconde source de finitude relative réside dans les limites de disponibilité des métaux de la table de Mendeleïev, très utilisés par le secteur des technologies et de la communication, secteurs dont la demande est en forte croissance. Le fait que ces métaux se trouvent souvent à des endroits très ciblés sur la planète, ce qui est le cas du tungstène ou des terres rares dont les réserves sont localisées en Chine pour les trois quarts, représente une autre forme de finitude, de nature plutôt géopolitique.

Bourg parle enfin de finitude absolue en ce qui concerne la disponibilité de l'eau douce ainsi que de certaines ressources biotiques, comme les ressources halieutiques. Depuis l'enclenchement de la période industrielle, la pression spatiale et l'augmentation des flux d'énergie et de matière fragilisent le bon fonctionnement des services rendus à l'humanité par les écosystèmes : services de régulation (régulation climatique, purification de l'eau et de l'air, contrôle de l'érosion, traitement des déchets, *gestion* de la vie et de la mort des organismes vivants…), fourniture de ressources primaires (récoltes, cheptel, pêche, animaux et plantes sauvages et l'ensemble des matériaux destinés à l'industrie humaine). Dans la perspective d'une relative maîtrise des impacts de l'activité humaine sur le fonctionnement de la biosphère, Bourg rappelait en 2010[67] les neuf domaines où les experts estiment qu'il conviendrait de fixer des seuils de dangerosité à ne pas dépasser : « le changement climatique, le taux d'érosion de la biodiversité, l'interférence de nos activités avec les cycles de l'azote et du phosphore, la déplétion de l'ozone atmosphérique, l'acidification des océans, l'usage de l'eau douce et celui des sols, la quantité et la qualité de la pollution chimique et enfin l'impact des aérosols atmosphériques ».

Le sentiment de rétrécissement de nos horizons est bien lié à la perception d'un certain rapprochement de limites qui, petit à petit, viennent restreindre la liberté d'action humaine[68]. L'humanité plus nombreuse, dont chacun des membres a acquis un pouvoir et des besoins plus importants, dont l'interdépendance des individus est croissante, voit en parallèle ses ressources se contracter et commence à douter de la pertinence des *progrès* auxquels elle a cru les yeux fermés pendant quelques générations. C'est en ce sens qu'il faut parler de rétrécissement de l'avenir. Rivée à sa démesure rationnelle et privée de toute retenue, la modernité a pensé que tout était de droit à la disposition des hommes. Comment la finitude a réellement pu être oubliée à ce point, aussi massivement et aussi longtemps, de façon généralisée à l'ensemble de la

---

[67] *Ibid.*, p. 35.

[68] Jean-François Simonin, *La destruction créatrice, une illusion ravageuse*. L'étude de ce « rétrécissement » est le sujet du premier chapitre de l'ouvrage.

planète, reste une question provocante. L'illusion d'absence de limites, l'illimitation constitutive de l'utopie du progrès qui dilatait l'avenir à l'infini en donnant à l'homme le sentiment de tout pouvoir conquérir, se retourne aujourd'hui contre nous et nous propose, soit de vivre nos désillusions en recherchant un mode de vie profondément alternatif, soit de chercher à nous évader encore plus loin dans les idéologies, progressistes ou réactionnaires, de la réalité augmentée.

Anticipation et émancipation

L'espoir dans l'avenir ne peut être abandonné au seul motif que nous peinons à le concevoir. Nous avons des preuves d'espoir régulièrement, avec l'apparition du printemps, le retour des hirondelles, l'éclosion des nouvelles générations. Il n'est pas encore certain, même en régime d'anthropocène, que l'espoir ait déjà disparu. Chaque génération n'a d'autre choix que de refaire le monde, même si cette exigence s'exerce aujourd'hui dans une période d'érosion des grands récits qui procuraient un cadre solide à ces reconstructions cycliques du monde. Il y a une jeunesse de l'utopie sur laquelle l'avenir pourra compter pour porter un regard neuf sur le possible, une action nouvelle sur le réel. Serions-nous définitivement incapables de réaliser ce qu'ont proposé Platon ou Thomas More, à savoir abandonner de vieilles organisations à bout de souffle, et entamer la construction d'un modèle d'organisation sociale résolument nouveau, essentiellement fondé sur la capacité humaine de faire autre chose que d'hériter d'un avenir bouché, et de proposer un nouveau format d'organisation humaine face au destin ?

Notre difficulté à penser l'avenir sous un angle utopique tient certainement à l'obligation contemporaine qui nous incombe de penser en mouvement. L'utopie classique au sens de Platon ou de More se dessinait sur fond de société stabilisée : on partait d'un état pour envisager un autre état. L'effort était certes important mais sans commune mesure avec la nécessité de nous projeter au sein d'un mouvement perpétuel. Car nous sommes tellement pénétrés de l'idée d'innovation et d'évolution permanente qu'il nous faudrait inventer la notion d'un avenir en mouvement, d'une utopie mobile pour répondre à cet état de fait contemporain : la télévision, le téléphone mobile, la géolocalisation instantanée, la pharmacologie, les bébés éprouvette, les nanotechnologies nous plongent dans des mondes *inimaginables* au sens littéral du terme. Pourtant, suggère Jean-Joseph Goux, si l'utopie ne peut plus se formuler sous la forme d'un *modèle*, elle reste certainement motrice en tant que *principe* et peut être en tant que *fonction*. Car « la tension créatrice vers le futur ne peut être éludée. Elle est même d'autant plus forte que les capacités transformatrices et la volonté de nouveauté sont exacerbées. L'utopie n'a plus de visage ou d'image (la République de Platon, la cité de More, la société icarienne de Cabet, le monde harmonien de Fourier), mais elle est encore un élan, une espérance, peut-être un moteur. La cité utopique n'a plus de représentation, elle est infigurable, mais son appel est toujours puissant »[69]. Goux perçoit deux traits nouveaux et caractéristiques des nouvelles tendances utopiques : d'abord une exigence de diversité, empreinte de désir d'égalité, de respect, d'identité, de différence. Ensuite un droit à la singularité, à l'identité propre, à la prise en compte des appartenances multiples. Et il rejoint de nombreux penseurs qui aboutissent au même constat d'un besoin de redéfinition du sujet, de la

[69] Jean-Joseph Goux, *Fractures du temps*, p.229.

personne : « il est certain qu'une utopie réellement contemporaine devrait être à la hauteur de cette double exigence, ce qui impose une conception de la personne beaucoup plus complexe que les penseurs des Lumières ne l'avaient prévu »[70]. Nous ne sommes décidément plus à l'époque où la règle et le compas suffisaient à dessiner un nouveau monde, un monde de surcroît conçu comme immuable.

En fait nous avons besoin d'une conception générale de l'anticipation à la hauteur des nouveautés, risques et opportunités auxquels nous avons affaire avec le numérique, les biotechnologies, la géolocalisation, la mondialisation des échanges. Peut-on envisager de retrouver des plages d'émancipation qui permettent à la fois de préserver l'avenir collectif tout en étant suffisamment attractives pour satisfaire au besoin de chaque individu d'exercer sa vie individuelle d'une manière satisfaisante ? Sans rien exclure car, comme le dit Koroneos, « ce qui est exclu ne peut être éliminé. Quand on exclut un contenu psychologique, il ressurgit déguisé en destin (C.G. Jung) exerçant désormais une influence déterminante. L'ombre se venge. Ainsi les déchets en quantités croissantes prolifèrent menaçants. Un individu et/ou un corps social assoiffé de pureté se condamne à l'anéantissement »[71].

De quoi peut-on encore rêver ? Immortalité, paix perpétuelle, élimination de la souffrance, des inégalités. Allons plus loin : doit-on rêver d'ingurgiter des potions qui nous rendraient hilares, nous offriraient une jouissance permanente ? Jusqu'où peut-on « s'augmenter » de prothèses et de pharmacopée tout en restant « humains » ?

[70] *Ibid.*, p.230.
[71] Koroneos, *Faut-il inventer le réel ?*, p. 280.

A long terme, les perspectives se brouillent. Le post-humain ? Nous « brancher » sur des machines, acquérir de la mémoire supplémentaire ? Et tout va de plus en plus vite - travail, information, images, loisirs - tandis que les arrières plans historiques et les visions du futur collectif s'estompent. L'histoire se poursuit bien, mais avec des moyens plutôt que des fins, avec des innovations qui visent le changement pour le changement plutôt que des recherches d'alternatives, avec des conquêtes - de produits, de marchés, de pouvoirs - plutôt que des motifs d'espoir. La référence à de meilleures situations a perdu sa force motrice. Le futur se rétrécit, il dessine un halo de vide à la périphérie de ce qu'il donne à percevoir dans le prolongement des tendances technicoéconomiques actuelles. Mais, s'il n'existe plus d'utopie motrice, existe-t-il une méthode pour lui trouver un substitut ? « Une fois que l'on a critiqué les utopies, existe-t-il un équivalent fonctionnel pour dessiner des possibilités alternatives ? Devons-nous renoncer aux forces d'anticipation de la pensée utopique ? Si l'utopie se présentait comme la grande alternative face à ce qui existe, est-il possible d'avoir une alternative à l'alternative, c'est-à-dire de penser l'utopie autrement ? [72]». En fait il est probable que ce ne soit pas l'utopie qui ait complètement disparu ; c'est plutôt nous qui avons des difficultés à repérer ce qui est devenu utopique ; ou à comprendre comment l'utopie a muté et incarne certainement de nouvelles formes d'aspiration à l'alternative.

Ne pas aboutir à l'autodestruction peut-il représenter une utopie motrice pour les horizons BH22 ? Comment faire pour que ce genre d'idéal acquière une force d'entraînement positive ? Pour qu'elle puisse devenir motrice, cette utopie doit-elle se construire sur la base

---

[72] Daniel Innerarity, *La société invisible,* p. 152.

d'une dramatisation orchestrée des dangers auxquels la civilisation devrait avoir à faire face, comme le souhaitait Jonas avec son heuristique de la peur ? La prospective comme scénarii, comme courbes ? La courbe, c'est une mise en forme du connu, avec l'espoir que l'avenir sera suffisamment aimable et obéissant pour rester bien calé dans les ornières de notre imagination calculatrice. La prospective dont nous avons besoin à l'ère de l'anthropocène n'a pas grand-chose à voir avec cela. Elle doit s'atteler à dialoguer avec l'inconnu, l'inimaginable. On se remémore, on dynamise ses souvenirs, on rêve, on programme. Et on devient utopique lorsque l'on dessine des situations normatives qui s'éloignent des situations historiquement prévisibles. Les profils de futurs utopiques résultent de programmes d'action qui cherchent à construire l'avenir hors des prolongements naturels des tendances perceptibles au présent. Mais comment faire évoluer les mentalités dans les mêmes proportions que les énormes changements matériels au cours du siècle dernier ont modifié les conditions de vie concrète de tous les individus dans le monde occidental ? On retrouve là le besoin d'une utopie mobile. Quelles sont les grandes causes qui seront aujourd'hui capables d'engendrer du sacrifice, dans le sens positif, constructif d'un avenir ouvert ?

✠✠✠

Il y a bien quelque chose de mobilisateur dans le concept d'anthropocène. Certes il tend à culpabiliser l'humanité, il se présente comme la rançon des fautes de cette humanité, au moins de cette portion de l'humanité qui est aux commandes de la mondialisation. Mais la menace de fin du monde qu'il contient devient si explicite qu'elle se double d'un impératif de sursaut, de reprise en main des orientations de la *mondialisation* - mondialisation aussi au sens de *faire monde* avec des stratégies planétaires, donc d'envisager de *refaire le monde* selon de nouvelles stratégies, des stratégies informées de la fragilité du vivant. Qu'au sortir de deux siècles d'idéologie progressiste la transcendance du monde nous apparaisse si fragile, si décevante pourrait-on dire, ne peut conduire jusqu'à laisser tomber cette transcendance car elle représente notre milieu de vie pour aujourd'hui et pour demain. Nous devons la prendre en charge, cesser de la mutiler et la consolider, en reconsidérant notre idée des frontières entre le dedans et le dehors du monde.

Le diagnostic de dysfonctionnement écologique n'appelle pas un geste de combat, il appelle un geste de retrait dans un premier temps, afin de préserver ce qui est ; puis un geste régulateur, dans un second temps, dans une large compréhension de l'interaction de facteurs multiples : historiques, scientifiques, économiques, géographiques, politiques et tout simplement humains. Mais le monde est ce que l'on institue plutôt que ce que l'on préserve. Il s'agit de l'agencer de façon à ce qu'il dessine un horizon dans lequel nous pourrons continuer d'agir. Un horizon alternatif à la logique du pire. L'enseignement fondamental de l'anthropocène est d'attirer notre attention sur l'exigence première de trouver une alternative à la logique du pire. Il faut le rappeler car le danger actuel réside moins dans un danger d'apocalypse que dans l'apparition d'une nouvelle forme d'insensibilité à cette menace. La routine des stratégies néolibérales est ici la plus grande de ces menaces. Elle intériorise l'apocalypse jusqu'à ne plus la percevoir, elle enferme la pensée dans le calcul et, ce faisant, inhibe l'émergence d'alternatives à son fondamentalisme méthodologique et à son nihilisme ontologique.

3. Ébauches d'alternatives à la destruction créatrice

Avec la *responsabilité sociale de l'entreprise* (RSE), le *développement durable* ou encore le respect du *principe de précaution*, les gouvernements et les entreprises ont ouvert de nouvelles pistes pour prendre en compte une partie des externalités négatives liées au développement technicoéconomique. Cela ne suffira toutefois pas à les exonérer d'avoir à réfléchir davantage aux implications écologiques et anthropologiques de leurs immenses capacités d'agir. Ces concepts peuvent avoir une certaine utilité, mais ils sont jusqu'à présent de portée limitée. Ils représentent aussi parfois des leurres, qui ne coûtent que quelques actions symboliques ou quelques pages de publicité pour dédouaner les entreprises de leurs responsabilités réelles. Néanmoins il faut tenter un bilan des avancées qu'ils représentent, avancées relativement consistantes si l'on considère que ces concepts renvoient à des problématiques somme toute récentes, nées voici moins d'un demi-siècle. Sans revenir ici sur l'impact possible des nouvelles technologies sur l'empreinte écologique globale de l'ère industrielle, analysée au début de cet essai.

Nous expérimentons, explorons, innovons depuis l'aube de l'humanité, mais ce qu'il s'agit de saisir, ce sont les implications de la formidable accélération des XIXe et XXe siècles, et ce que cette accélération promet ou menace pour les horizons BH22. Car cette accélération s'est faite au prix d'une perturbation sans précédent des équilibres sociaux ancestraux et de l'environnement. Nous feignons de penser que nos innovations et notre croissance économique devenues vertes pourraient résoudre les maux engendrés par nos activités passées, circonscrire les effets délétères de nos activités présentes, et garantir la bonne marche de l'humanité vers son avenir. Les principaux acteurs de la mondialisation continuent de proposer des stratégies qui ne visent qu'à innover davantage encore, pousser encore les feux de la croissance. Innovation, croissance verte, produits *high-tech* seraient les stratégies gagnantes pour le futur. Il s'agit d'un mirage. Le concept d'anthropocène porte un coup qui devrait être fatal à ce genre d'illusion, et rend bien visible les conséquences suicidaires de ce type de stratégie.

L'idée d'un « développement durable »

Le *développement durable* est un thème omniprésent dans les débats socioéconomiques, et cela représente déjà un progrès par rapport à une époque peu éloignée où la situation écologique globale était totalement négligée. Cette omniprésence témoigne d'une conscience à présent bien établie d'un certain devoir de respecter l'environnement. Le concept de développement durable a été formalisé dans le rapport Brundtland de 1987. Il vise à concevoir des réponses aux défis planétaires mis en évidence par le premier rapport du club de Rome et par les premières crises économiques liées aux problématiques énergétiques. Il cherche à rendre compatibles développement économique et préservation de l'environnement. Du point de vue de ses promoteurs, le développement durable veut recentrer les économies libérales occidentales autour des activités écologiquement soutenables sur le long terme. Du point de vue de ses détracteurs, il représente une douce musique qui tend à faire penser que l'on peut continuer à se développer comme on le fait depuis deux siècles tout en préservant l'environnement, ce qui n'est pas possible. Très souvent, il est vrai, il ne rompt pas avec l'idée de destruction créatrice, il cherche à en diluer les effets dans la durée. En suggérant une complémentarité entre développement et durabilité, il évite de les dissocier. Or, à bien y regarder, les règles du développement, telles qu'elles sont conçues jusqu'à présent, sont profondément antagonistes avec celle de durabilité. L'une et l'autre ne peuvent appeler les mêmes comportements ni les mêmes temporalités. En associant d'emblée ces termes, on invite à penser qu'il n'y a pas à choisir entre commerce mondialisé et protection de la planète, car le marché pourrait garantir les deux.

On parle de croissance durable, d'économie circulaire, d'écologie industrielle. On parle d'écoconstruction, de bâtiments « à basse consommation », « respectueux de l'environnement ». Des activités largement consommatrices de ressources naturelles parviennent à se faire remettre des labels verts fourmillants d'oxymores[73] ridicules : voici une autoroute déclarée écologique, un fabricant d'automobiles économes en énergie, un pétrolier champion des énergies renouvelables… Le néolibéralisme semble miser sur le développement d'un *ecobusiness* qui consistera à commercialiser l'ensemble des ressources de la biosphère : eau, air, lumière solaire. Poursuite des dégâts environnementaux d'un côté, recyclage et réparation de l'autre, on imagine facilement moults stratégies de diversification, possiblement au sein des mêmes groupes industriels. Sur le modèle de la guerre et de l'économie de guerre, jusqu'à épuisement des ressources accessibles.

L'objection essentielle faite aux principales idées comprises dans la notion de développement durable est qu'elles ne semblent représenter qu'un moyen de

[73] Cf. le petit livre détonant de Bertrand Méheust, *La politique de l'oxymore*, La découverte, 2009.

prolonger, - quelques années, quelques décennies ? - les stratégies des principaux acteurs de la mondialisation, sans offrir de solution vraiment *durable*, par exemple pour les horizons BH22 et au-delà. André Gorz l'a formulé depuis le début des années 1990 : « Il est fondamental de comprendre que, si nous voulons sortir du capitalisme pour entrer dans une économie éco socialiste, on ne peut dépasser l'éthos de la maximisation du rendement et du gain qu'en reconnaissant et en développant des domaines d'activité où les activités valent comme fins en soi et visent des objectifs non monétisables, c'est-à-dire impossibles à mesurer et à valoriser par l'argent ». Or le développement durable, en mobilisant nombre d'acteurs autour de ses tactiques d'adaptation, exonère ces acteurs de traiter véritablement ces objectifs ambitieux. Ronald Reagan avait formulé l'idée que « l'État n'est pas la solution, c'est le problème ». Dans le même esprit il faudrait dire qu'au début du XXIe siècle, « le développement durable n'est pas la solution, c'est le problème ».

Miser uniquement sur un volontarisme économique qui deviendrait conscient des limites du monde, comme les tenants du développement durable le laissent parfois entendre, serait illusoire. Cette illusion serait-elle levée que la somme des externalités négatives de l'économie, résolument imprévisibles, inanticipables, incalculables en fait, condamnerait au final ce volontarisme s'il reste d'inspiration *économiste*. On ne peut plus à l'ère de l'anthropocène se reposer sur l'idée que, selon le célèbre mot de Hölderlin, « là où le péril croît, croît aussi ce qui sauve ». Ce qui serait sauvé au bout du réchauffement climatique, à la fin de l'économie fossile, à la suite de la prochaine crise financière concernerait certainement toujours l'humanité ; mais ce qui serait sauvé à la suite de la réalité modifiée, du post humain, de l'intelligence artificielle, serait peut-être aussi trop éloigné de l'humain. Si le développement durable cherche à contourner cette problématique, il n'offrira aucune solution véritablement durable à la stratégie néolibérale d'exploitation effrénée de la biosphère. La stratégie néolibérale est finalement une stratégie « d'épuisement de l'être ». La Terre, dit Pierre Caye à propos des politiques de croissance économique, « ne suit plus l'Odyssée de l'esprit, de sorte qu'à son tour l'esprit perd assise et s'affole »[74]. Le développement durable n'interroge pas cette assise, il veut ignorer cet affolement. Le développement durable, qui pose nombre de questions vitales et a le mérite d'essayer de transcrire les principales questions écologiques dans le vocabulaire et les problématiques des principaux secteurs d'activité consommateurs de ressources naturelles, ne va pas jusqu'à ces interrogations radicales. Il cherche prioritairement à dessiner des « stratégies d'accompagnement » des logiques néolibérales contemporaines. En cela il peut représenter un frein à une véritable réorientation possible de l'économie libérale sur des voies d'émancipation compatibles avec des projections crédibles à l'horizon du XXIIe siècle.

Bien sûr l'idée d'un développement soutenable est positive. Elle invite à tenir compte de la biosphère, de ses équilibres actuels et à venir. Mais il est à craindre qu'elle ne permette aucun dépassement du concept de développement classique. Or, il y a dans notre conception du développement quelque chose de fondamentalement anti-éthique. Il ne s'agit pas d'aménager les voies du développement, il s'agit d'en changer. La conception libérale du développement consolide l'autonomie des individus, mais les enferme parallèlement dans un individualisme problématique ; elle promeut l'idée de la

[74] Pierre Caye, *Critique de la destruction créatrice*, p. 92.

spécialisation des savoirs, de la segmentation des activités technicoéconomiques, et représente en cela un obstacle à la vision synthétique qui doit primer aujourd'hui ; elle ne fait que mesurer des quantités et reste étrangère aux considérations qualitatives qui seraient pourtant, nous le verrons, un excellent terreau pour l'identification de germes d'un progrès humain, social et culturel compatibles avec les exigences du XXIe siècle ; elle apporte de considérables avantages aux hommes, mais elle prend pour cela à présent des risques inacceptables avec le devenir du monde et de l'humanité ; elle ne propose en fait que de retarder les dangers identifiés. Elle ne représente pas une réelle ouverture vers un futur mieux assuré, tout juste une tentative de repousser certaines échéances, celles relatives à l'utilisation des ressources naturelles. Le développement durable reste porteur de l'idée que tout problème peut être résolu par une solution technicoéconomique - idée erronée depuis l'entrée dans l'anthropocène. Tant qu'il demeure enraciné dans ces idées, le développement durable offre peu d'espoir de freiner la destruction de la biosphère.

Les limites du principe de précaution

Le principe de précaution représente une autre tentative d'encadrer les risques liés au développement. Le principe de précaution n'est ni un principe philosophique, ni un principe moral. C'est un principe pragmatique qui cherche à parer certains risques engendrés par la société elle-même, et notamment par les projets technoscientifiques portés par les TGE. Il représente une tentative d'encadrement de leur surpuissance technologique. Il ne cherche pas à promouvoir une vision particulière de l'avenir, il cherche à parer les dangers. Il témoigne du fait que les avertissements de Jonas et de quelques autres commencent à être pris au sérieux : dangers relatifs à l'utilisation d'une technologie, impact d'un produit nouveau sur l'environnement, l'alimentation, la santé des populations présentes et celle des générations à venir. « Le pouvoir s'est rendu maître de lui-même, alors que sa promesse a viré en menace et sa perspective de salut en apocalypse. Ce qui est devenu nécessaire maintenant, à moins que l'arrêt ne soit dicté par la catastrophe elle-même, c'est un pouvoir sur le pouvoir - le dépassement de l'impuissance face à la contrainte de son exercice progressif qu'entretient le pouvoir lui-même »[75].

Concrètement le principe de précaution s'exprime en actionnant plusieurs types d'approches préventives. Il se réfère à des risques nouveaux, non établis, donc incertains ou simplement envisageables. Il concerne les risques pour le présent, ainsi que les risques pour l'avenir, sans que l'horizon de cet avenir soit fixé précisément. Il ne concerne que les risques graves ou irréversibles, et repose sur des procédures d'évaluation de ces risques. Il envisage des mesures provisoires et proportionnées pour parer aux dommages identifiés. L'application du principe de précaution fait l'objet de multiples controverses. Il ne s'agit pas de condamner la technique ni les appréciables avantages qu'elle procure à ceux qui peuvent en profiter, tant sur le plan du travail, de la santé, de la culture, que de la vie quotidienne dont elle décuple souvent les plaisirs. Il s'agit de ne plus faire confiance les yeux fermés à la technique, et cette attitude représente un progrès pour les horizons BH22. La précaution est le temps d'arrêt, la réserve, le contrôle, l'anticipation que les sociétés avancées veulent imposer en toute situation de risque

[75] Hans Jonas, *Le principe Responsabilité*, p. 270.

technoscientifique majeur potentiel. Il s'agit de rompre franchement avec l'optimisme technoscientifique classique et soumettre toute innovation d'envergure à examen avant autorisation d'exploitation industrielle et commerciale. Rien pourtant, pas plus le principe de précaution qu'autre chose, ne permettra de sortir totalement du régime d'incertitude dans lequel nous sommes plongés, particulièrement en ce qui concerne les effets collatéraux de toute innovation d'envergure - envergure qui n'apparaît souvent qu'*a posteriori*. On ne peut que chercher à circonscrire au maximum cette incertitude, en essayant de modéliser au mieux le champ des possibles qui paraît découler des initiatives envisagées - en utilisant au mieux raison et imagination, et en multipliant leurs anticipations croisées, ainsi que le préconisait Jonas. Le travail sur l'incertitude ne peut avoir pour objectif une maîtrise intégrale des dangers, cela paraît définitivement inaccessible à nos capacités humaines. Il ne peut que combler une partie, mais une partie importante, de l'écart qui sépare notre pouvoir, immense, de notre savoir, plus limité.

Retenons à ce stade les premiers enseignements de la courte histoire de la précaution : il s'agit d'inventorier tous les profils de futurs envisageables au départ d'une innovation. L'appréciation du degré de risque ou l'acceptabilité des risques identifiés sont du ressort de la société civile. Ils relèvent donc du domaine du droit et de la politique et non des estimations du promoteur de l'innovation proposée. Il faut noter une évolution des mentalités à ce sujet : ce n'est plus faire preuve de catastrophisme exagéré que d'envisager les dérèglements naturels potentiels consécutifs à certaines activités humaines, ni de rappeler la nécessité de prendre en compte l'intérêt des générations futures. « Passer de l'action en réparation à l'action en préservation, c'est tenter de relier les générations présentes aux générations futures. Instrument d'anticipation par excellence, la catégorie des générations futures marque un tournant dans l'approche anthropologique du droit occidental[76]. »

Jean-Pierre Dupuy[77] a illustré l'insuffisance des principes de prévention ou précaution dans leur capacité à saisir certains objets au fonctionnement inhabituel pour l'entendement. Il cite les écosystèmes dont la complexité est telle que certaines évolutions écologiques sont proprement inanticipables ; les ruptures technologiques par essence imprévisibles, comportant de surcroît de nombreux effets collatéraux également imprévisibles ; les systèmes techniques complexes. Idéalement nous aurions par exemple besoin d'une chimie pronostique, dont les objectifs seraient d'évaluer le résultat de l'interaction de milliers de substances, dont une grande partie créée par l'homme, qui s'amassent sur la planète - et préparer l'avènement d'une chimie régénératrice dont les produits seraient adaptés aux nécessités de la biosphère de demain. Notons que pour passer du principe de précaution à une politique globale de la vigilance, il faudrait ne pas se contenter d'identifier les risques. Il faudrait aller jusqu'à porter une appréciation sur l'ensemble des risques de fermeture ou les opportunités d'ouverture de l'avenir. L'exercice de la vigilance au sens requis ici participerait de l'ébauche d'une nouvelle culture de l'anticipation, attentive aux possibilités d'ouverture du futur, et c'est en cela qu'elle pourrait receler les attributs d'un nouveau projet de civilisation.

---

[76] Mireille Delmas-Marty, *Résister, responsabiliser, anticiper,* p.189
[77] Jean-Pierre Dupuy, *Pour un catastrophisme éclairé. Quand l'impossible devient certain.*

L'ébauche d'une responsabilité sociale et environnementale

Les questions posées par l'avènement de la très grande entreprise, c'est-à-dire l'entreprise devenue un acteur politique de fait mais non de droit, sont difficilement abordables. Les grandes entreprises sont devenues si puissantes qu'elles représentent une menace potentielle pour la démocratie et le pluralisme. Dans la mesure où il n'existe pas de gouvernement mondial, les sociétés transnationales sont à peu près libres de se fixer, seules ou au travers d'accords mutuels, certaines normes, standards de qualité ou règles d'échange. Nuançons quelque peu ce constat. En réalité les TGE ont besoin de règles fixées par des organismes extérieurs, indépendants d'elles. D'ailleurs on note plutôt un accroissement de l'activité régulatrice des institutions internationales depuis la fin de la seconde guerre mondiale, date d'apparition de ces instances. Les Nations Unies, la Banque mondiale, le FMI ont exercé des autorités de ce type. L'OCDE a également acquis, avec le temps, un pouvoir de coordination internationale de certaines politiques publiques. Puis le successeur du GATT, à partir de 1994, l'Organisation Mondiale du Commerce (OMC), a énergiquement proposé certaines régulations du commerce mondial, bien que son activité ne s'applique qu'indirectement aux entreprises. Enfin plusieurs organisations bilatérales ou intergouvernementales visent à réguler l'activité économique de certains pans régionaux de l'économie internationale. Ainsi en va-t-il de l'ALENA, de l'UE, du Mercosur. Il est donc établi qu'il existe une certaine régulation économique au niveau mondial, mais cette régulation éprouve de grandes difficultés à saisir, contrôler et imposer les firmes multinationales - elle n'est pas outillée pour cela. Nous restons loin de ce qui pourrait représenter un cadre solide pour l'appréciation d'une responsabilité sociale pleine et entière de ces entreprises.

Il existe donc des débuts de projet d'intégration et de légitimation de l'action extra-économique des entreprises au sein de la société : on peut regrouper ces projets sous la dénomination « responsabilité sociale des entreprises » (RSE). Il s'agit d'un concept qui se diffuse dans le monde des entreprises, à l'initiative des entreprises elles-mêmes ou d'organisations internationales, à l'échelle locale ou mondiale. Il se compose de différentes obligations, recommandations, dont quelques-unes sont traduites, en totalité ou en partie, dans certaines législations nationales ou sectorielles. La RSE vise, au-delà de la volonté de certains dirigeants, à institutionnaliser des règles de comportement compatibles avec l'idée d'une activité économique qui serait, profondément, responsable, même s'il est bien difficile de ranger sous ce terme des notions réellement partageables à l'échelle de la planète. Les pays du Sud, notamment, perçoivent dans ce concept de RSE des stratégies destinées à ériger des normes à l'avantage des sociétés occidentales, plutôt qu'un réel souci de l'avenir de la biosphère ou de l'humanité.

La RSE se diffuse selon diverses modalités : standards, normes et labels privés internationaux (ISO, Global Gap…), actions militantes des ONG (Clean Clothes Campain, campagne Detox de Greenpeace…), politiques publiques internationales (OCDE, ONU, EU, …), politiques publiques nationales, (comme par exemple en France : les lois Grenelle 1 et 2, la Charte de l'environnement, les Nouvelles Régulations économiques…). Les TGE acceptent finalement de bonne grâce ces normes apparemment contraignantes, car elles élèvent les barrières à l'entrée pour leurs plus petits concurrents. Lentement s'insinuent dans l'esprit et les pratiques de management quelques actions visant à respecter l'environnement (comme la dépollution des sols lors d'abandons de sites industriels ou la prise d'engagements de réduction des émissions de CO2), à établir des standards sociaux mondiaux intra-groupe assez élevés, à anticiper les restructurations de façon à laisser quelques marges de manœuvre aux salariés licenciés, parfois même à respecter ces normes dans les proportions supérieures à celles qui sont imposées par le droit national.

On se méfie généralement de la RSE car elle apparaît comme une démarche venant des entreprises elles-mêmes, donc principalement destinée à détourner l'attention quant à leur comportement douteux en différents domaines. Ainsi il est de notoriété publique que les plus gros pollueurs de la planète, par exemple les industriels liés aux énergies fossiles, à l'extraction minière ou à la chimie, déploient maints programmes de communication destinés à focaliser l'attention du public sur certains aspects à la fois plus anecdotiques mais aussi plus positifs de leur activité. D'ailleurs, une entreprise a-t-elle réellement les moyens de s'occuper d'autre chose que de son cœur de métier, de maximiser l'intérêt financier de ses actionnaires ? Dès 1970 Milton Friedman était intervenu dans ce débat naissant en rappelant que selon ses vues néolibérales une entreprise n'avait juridiquement pas d'autre objectif que celui de maximiser l'intérêt de ses actionnaires - voire qu'elle n'avait pas le *droit* de s'occuper d'autre chose. En d'autres termes qu'un manageur trop sensible aux questions environnementales pourrait voir sa fonction remise en cause, non seulement par son conseil d'administration, mais potentiellement par le juge en cas de contentieux.

Comme le montre Olivier Basso, au travers de la RSE « les grandes entreprises peuvent… se penser comme l'un des trois piliers du monde (*business, governments, citizens*) et considérer l'élaboration des règles du jeu mondial comme relevant aussi directement de leur responsabilité, à l'égal de celles des gouvernements et de la société civile. Initialement considérées comme des corps intermédiaires à vocation économique, prises dans le jeu de la production et l'échange, elles se sont émancipées et sont devenues des opérateurs politiques à part entière »[78]. Mais ce positionnement est problématique, nous l'avons souligné, notamment parce qu'il ne figure généralement pas dans le statut des entreprises privées, et ne repose sur aucune légitimité élective, les actionnaires ne représentant en aucun cas la société civile. Toutefois cette ambition de porter officiellement une responsabilité représente de la part des TGE un début de reconnaissance de leurs très larges interférences dans la vie sociale. Il est probable qu'à terme un équilibre pertinent sera trouvé dans un double mouvement de construction d'un cadre de référence mondial solide et d'une responsabilité accrue des TGE. Il est cependant douteux que puisse se produire rapidement la substitution, à l'échelle mondiale, d'une action collective consciente et juridiquement adaptée au mécanisme actuel de la compétition pour la puissance, la taille et le profit.

La relation entre les États et les TGE, telle qu'elle se construit actuellement avec les procédures d'arbitrage international, est un indicateur des évolutions en cours sur une question éminemment stratégique à l'horizon BH22 :

---

[78] Olivier Basso, *Politique de la Très Grande Entreprise, Leadership et démocratie planétaire*, Puf, 2015, p. 174.

on assiste actuellement à l'élaboration d'un cadre juridique spécifique reposant sur un système judiciaire privatisé, consolidé avec l'assentiment des principaux États démocratiques abritant les activités des TGE. Ce cadre permet aux TGE d'attaquer le gouvernement d'un pays en justice au motif qu'il aurait pris des mesures environnementales, sociales ou politiques pénalisantes pour elles, soit en termes de manque à gagner, soit en termes de retour insuffisant sur ses investissements. Et cela même si cette décision législative s'impose aux entreprises nationales de ce pays. C'est ainsi qu'un groupe du secteur pétrolier peut attaquer l'État canadien pour avoir pris la décision de cesser l'exploitation des gaz de schiste ; ou qu'un groupe suédois industriel du domaine nucléaire peut imposer à l'Allemagne de lui verser des dédommagements suite à la décision du gouvernement allemand de cesser toute activité nucléaire après l'accident de Fukushima.

Peu importe pour notre propos que ces procédures prennent la forme de TBI (Traités d'investissements bilatéraux), de RDIE (Règlement des différends entre investisseurs et États, IDSD en anglais) : il suffit d'enregistrer ici la naissance d'un nouveau type de marché, le marché de la contestation unilatérale, marché sur lequel la puissance juridique, technique et financière de nombreuses multinationales supplante celle de nombreux États. L'autonomie de la décision politique sera ici clairement subordonnée à un accord de nature commerciale en apparence, mais qui délocalise et transfère le lieu et les modalités de traitement du contentieux hors du pays cible de l'attaque en justice. Ainsi les TGE exercent une influence directe sur la façon dont les États peuvent élaborer leurs politiques publiques. Alors qu'au départ, au début de l'aventure libérale, les États ont simplement autorisé la création de ces entreprises, définies initialement comme des organisations industrielles et marchandes, ils se retrouvent sous le joug de certaines d'entre elles, sans véritable moyen de contrôler leurs activités et les conséquences de ces activités sur leurs territoires - il restera donc de la responsabilité de ces États, et non des entreprises, d'assurer en dernier recours la bonne compatibilité de leurs activités avec la préservation de l'avenir collectif.

Les voies envisageables pour doter la TGE d'une obligation plus forte en matière de responsabilité ont été synthétisées par P. Berthaud et J.P. Chanteau. Elles oscillent entre l'idée d'un enserrement par le droit, diverses autorités administratives indépendantes et l'idée d'une institutionnalisation de la puissance des TGE :

- Autorégulation privée avec de nouveaux systèmes de normalisations comptables, sociales, etc. ;
- Consensus public/privé et dispositifs de type *guidelines* de l'OCDE ou *Global Compact* des Nations Unies ;
- Accords spécifiques entre États (accords multilatéraux, régionaux ou bilatéraux sur l'investissement…) ;
- Extension des compétences d'organisations internationales (OMC, OIT, institutions de Bretton Woods…). [79]

On l'a noté, les TGE ont besoin d'évoluer dans des univers régulés. C'est pour cela qu'elles participent tout de même, certes très timidement, aux côtés des États, à l'effort de gouvernement du monde. Le programme *Global Compact*, ou *Pacte mondial* lancé en 2000 par les Nations Unies en est la traduction. Le *Global Compact* constitue un cadre de référence pour les entreprises qui se sont engagées à structurer leurs opérations et leurs stratégies selon 10 principes universellement acceptés

[79] Pierre Berthaud et Jean-Pierre Chanteau, « États et firmes transnationales ; quels choix de mondialisation ? », *La question politique en économie internationale*, La Découverte, 2006, p. 274.

dans les domaines des droits de l'homme, du travail, de l'environnement et de l'anticorruption. Au travers de cette initiative d' « entreprises citoyennes », le *Global Compact* veut avant tout démontrer et tenter de construire une légitimité sociale des entreprises et des marchés [80]. La participation des TGE est de fait nécessaire à l'élaboration de politiques internationales cohérentes à propos d'enjeux climatiques, génomiques, épidémiologiques. Aucun État, aucune association d'États n'est en mesure d'affronter les questions qui concernent l'ensemble du devenir humain sans la participation active des TGE dans le champ de leurs compétences. Les dispositifs requis ici « nous rappellent les processus d'élaboration de standards dans l'industrie, qui convoquent dans un espace de discussion ouvert à toutes les parties prenantes (États, usagers, prescripteurs, producteurs…) pour accoucher d'un référentiel s'appliquant à tous dans l'espace concerné. La gouvernance se présente ainsi comme une forme inédite de pouvoir collaboratif[81]. » De là à promouvoir le management d'entreprise et la théorie des organisations au rang de pensée politique, de grands pas restent à franchir.

Ecologie politique et décroissance

Principale conséquence d'un politique fondée sur l'utopie d'une *destruction créatrice*, nous allons vers un certain épuisement du monde et, qu'on le veuille ou non, vers une décroissance généralisée. Il y a dès aujourd'hui décroissance du nombre d'espèces naturelles, décroissance

---

[80] http://www.unglobalcompact.org/AboutTheGC/index.html.

[81] Olivier Basso, *Politique de la Très Grande Entreprise, Leadership et démocratie planétaire*, p. 168.

des réserves d'énergie non renouvelables, décroissance de la fertilité des sols, décroissance des réserves halieutiques… Encore fallait-t-il le comprendre et l'exprimer clairement, ce qu'a réalisé et documenté le mouvement de la *décroissance*. L'entrée de la notion de décroissance dans l'espace public est très récente, elle date du tout début du XXIe siècle. Elle est tout juste contemporaine, bien qu'*a priori* non directement liée, de l'avènement du concept d'anthropocène.

Son apparition résulte d'une perception des limites de la biosphère essentiellement, ainsi que des limites de l'être humain lui-même, la décroissance rejetant dans la plupart de ses courants l'idée d'une possible poursuite de notre émancipation en direction du post-humain et de ses différentes versions de l'homme augmenté. Son champ de prédilection reste toutefois la critique d'ordre environnemental ; elle met en évidence les dégradations massives des écosystèmes et l'épuisement des ressources naturelles. Elle cherche à répertorier l'ensemble des problèmes environnementaux les plus cruciaux et les interprète comme une « dette écologique » que les générations actuelles contractent envers les générations futures : réchauffement climatique, diminution des réserves d'énergies fossiles et de matériaux rares, disponibilité en eau potable, atteintes à la biodiversité, pollutions industrielles, accès et préservation des ressources alimentaires, capacité de charge globale de la biosphère. Le concept de décroissance cherche à mettre en question la notion de développement, moins récente, datant du milieu du XXe siècle[82].

[82] Jean-François Simonin, *La destruction créatrice, une illusion ravageuse*. Cf chapitre II : le développement, un mythe occidental.

Les objecteurs de croissance expliquent que la civilisation consumériste occidentale est déjà entrée en phase de rendements globalement décroissants. Si la croissance économique paraît encore « rentable » aujourd'hui, c'est uniquement par dissimulation de toutes les externalités négatives liées à cette croissance : destruction des milieux de vie, report des dettes écologiques sur les générations futures, baisses des objectifs d'égalité, de santé et de solidarité des consommateurs et des salariés, baisses qui correspondent à autant de bombes à retardement allumées par les générations présentes pour les générations futures. Une véritable prise en compte consolidée de ces dégradations conduirait, disent les décroissants, à constater que nous sommes déjà entrés en phase de décroissance. Le concept de *peak oil,* mis au point par King Hubert, a été largement utilisé pour pointer les pénuries à venir en ressources pétrolières, mais on parle aussi, à présent, de *peak everything*[83]. La question n'est donc pas de savoir si la décroissance aura lieu, mais plutôt à partir de quand elle produira des bouleversements insupportables si elle n'est pas mieux anticipée ; à partir de quand l'accès aux ressources rares et les conséquences de la pollution provoqueront des troubles politiques et sociaux insupportables ; ou encore, jusqu'à quand les populations les plus nombreuses, les plus démunies, les moins responsables des dégâts environnementaux, supporteront d'avoir à se retrouver les plus exposées aux désastres à venir, sachant qu'elles sont désormais mieux informées de la situation réelle, de leur profil de futurs, et peut-être mieux outillées pour organiser des ripostes collectives.

Le fond de la question qui se pose à nous, dans les termes de la décroissance, est celui de l'autolimitation

---

[83] C'est le titre d'un livre de Richard Heinberg.

culturelle de nos besoins et de nos projets, autolimitation qui seule permettra de préserver les bases naturelles de la vie terrestre. Cette autolimitation allait de soi dans les sociétés précapitalistes, elle a revêtu les habits de diverses éthiques au cours des âges. Concurrence, chrématistique, politique du gain étaient généralement prohibées par la loi jusqu'au début du XVIIIe siècle. Les stratégies économiques individuelles et collectives étaient strictement encadrées par les règles de l'ordre social ainsi que par les normes morales traditionnelles et religieuses. En ce sens, on peut dire que la révolution bourgeoise qui a promu la société de marché a engendré dans les faits une non-société, une société dépourvue d'encadrement de ses propres enjeux de survie. Retour aux sources au début du XXIe siècle : pour le mouvement de la décroissance il s'agit de réapprendre à restreindre les prérogatives de la rationalité économique néolibérale pour la ré-enchâsser dans ses cadres écologiques et anthropologiques traditionnels. Savoir si cela sera possible en sauvegardant nos libertés, nos droits à l'autodétermination et à l'épanouissement individuels est une question importante, mais une question devenue secondaire en raison de l'étroitesse de nos marges de manœuvre écologiques au début du XXIe siècle. La question est de savoir si cette décroissance sera subie ou politiquement gérée. Gérée, c'est à dire anticipée, préparée, en fonction d'options politiques et économiques librement consenties. Dans le cas contraire, préviennent les décroissants, nous allons vers des conflits sanglants pour l'accaparement des dernières ressources naturelles.

La décroissance, c'est donc d'abord un mouvement qui veut attirer l'attention sur les impasses stratégiques de la civilisation productiviste et consumériste occidentale. Il s'agit d'un concept très performant pour décrypter les erreurs stratégiques de cette civilisation. Prôner la décroissance est déjà, en soi, une remise en cause fondamentale des logiques technicoéconomiques actuelles. La décroissance consiste aussi à « décoloniser l'imaginaire », selon l'expression de Serge Latouche[84]. Il s'agit d'essayer de penser les choses différemment. D'illustrer comment nous devons nous attendre à nous départir de nos illusions technophiles et développementalistes avant d'imaginer d'autres voies possibles d'émancipation. La décroissance recherche le moyen d'atteindre un équilibre durable avec les normes de la vie terrestre et humaine. Elle propose des schémas de réduction de l'extraction de ressources, des volumes de production et de consommation, elle promeut les idées de relocalisation, de partage, de circuits courts, de recyclage.

Nous en sommes encore aux balbutiements de la reconnaissance des limites de la croissance, un demi-siècle après sa première mise en question par les rapports du Club de Rome. La délégitimation des politiques de croissance est loin d'être avérée dans les équipes dirigeantes de l'économie mondialisée. Le concept même de décroissance fait régulièrement l'objet de multiples quolibets et ricanements dans les sphères du pouvoir économique et politique. Les publications relatives à ce concept et à ses implications restent marginales. Cela tient certainement beaucoup à la difficulté d'envisager une culture et une politique de l'émancipation réellement attractive hors de l'idéal de *développement à l'occidentale* qui fédère la planète entière autour de ses projets consuméristes. La décroissance cherche à dessiner les contours d'un projet qui ne soit pas seulement perçu

[84] Serge Latouche, *Le pari de la décroissance*, Fayard, 2006.

comme l'optimisation des privations à venir. Elle veut retrouver le goût d'une vie plus conviviale, organisée selon des logiques de simplicité volontaire de partage au lieu de concurrence, dans le respect, et non dans l'épuisement, de l'environnement. Pour les décroissants l'urgence n'est pas de relancer l'économie mais de freiner la dégradation de la biosphère.

La décroissance n'est pas un mouvement unifié, et elle n'est pas en mesure de proposer une politique claire et compréhensible pour toutes les parties prenantes de la mondialisation. Il lui reste à faire bouger les logiques systémiques de la technico économie mondialisée. Nous en sommes loin. Ses manifestations sont souvent confuses, parfois difficiles à décrypter, donnant l'impression d'hésiter entre « travailler au spectacle de la fin du monde » et préparer « la fin du monde du spectacle ». C'est certainement pourquoi elle reste un mouvement marginal qui peine à peser sur les orientations stratégiques des principaux acteurs de la mondialisation. Mais peu importe, elle a déjà réussi en très peu de temps à faire entendre une voix radicalement différente. Il est bien probable que nous n'ayons effectivement d'autre choix que d'envisager une certaine décroissance. Edifier une société écologiquement responsable et socialement conviviale est certainement une tâche essentielle de notre temps.

Initiatives citoyennes

De nombreux individus et certains collectifs n'attendent pas d'avoir une vision philosophique claire et complète des changements nécessaires pour engager des actions concrètes. Dans plusieurs domaines la *société civile* prend le relais des institutions traditionnelles - églises, États, partis, syndicats… - en phase d'essoufflement dans les démocraties libérales. Pour eux, un autre monde est possible, il faut en accélérer l'avènement ; il ne s'agit pas de penser uniquement à l'aide de rationnements, d'impuissance, de sobriété imposée, de passions tristes. Il s'agit de repérer tout ce qui, dans le monde, reste non-dit, non formulé, non réalisé, mais qui peut trouver un début d'existence au travers de ces mouvements dits *alternatifs* : éducation populaire, investissements solidaires, systèmes de partage et d'entraide, coopératives de production, systèmes d'échanges locaux. Ces initiatives sont nombreuses : réseaux d'échanges et de savoirs, éco-quartiers, éco-villages, villes en transition, pactes d'association ou de citoyens, entrepreneurs de l'économie sociale et solidaire. Elles s'appuient ou complètent la multiplicité de nouvelles organisations caritatives, ONG, collectifs de défense de la nature, des libertés publiques et groupes de réflexion, forums sociaux locaux ou internationaux. D'où le foisonnement d'entités d'un genre nouveau, proposant de nouvelles approches de la vie collective, ouvertement orientées vers des activités soutenables sur le long terme : AMAP, coopératives de production, systèmes d'échanges locaux, bibliothèques associatives, centres médicaux autogérés, cohabitation en propriété partagée, jardins collectifs, réseaux de troc et de partage, ateliers de reconditionnement. Un recensement exhaustif de ces initiatives n'est pas possible, et n'aurait d'ailleurs pas grand sens.

On imagine aisément qu'une grande partie d'entre elles n'aura que peu de suite, mais aussi qu'un grand nombre de nouvelles expérimentations verra le jour. Elles traduisent surtout la volonté des citoyens de se réapproprier le pouvoir d'agir et d'innover. Elles témoignent d'un véritable réveil de la société civile, au point de rencontre de deux mondes : celui qui est mourant mais qui n'en finit pas d'agoniser, et celui qui cherche à naître dans des expérimentations volontairement déconnectées des logiques marchandes. Elles expriment la volonté de sortir de l'univers concurrentiel néolibéral, perçu comme fondamentalement guerrier, au moyen d'un nouveau pouvoir de création démultiplié par la coopération. Elles sont persuadées qu'un changement de civilisation est indispensable, sans doute possible, mais non contrôlable car toute tentative de maîtrise globale des transformations nécessaires serait vaine ; que ni la technique, ni le politique ne parviendront à engager les transformations requises. Elles veulent relier des sphères qui ne le sont pas dans la logique libérale. On parle d'un côté de l'économique, d'un autre côté du social, puis de l'environnement lorsqu'on en a les moyens : elles rejettent d'emblée ces juxtapositions stériles, suicidaires à l'ère de l'anthropocène. Elles revendiquent la prise en compte de l'humain et du naturel avec un degré d'exigence vivifiant. Elles rejettent la « fatalité du probable » au sens rationnel du terme, ce rationnel occidental trop imprégné de valeurs industrielles, de logiques trop peu soucieuses du long terme.

Ce qui serait vraiment subversif en régime néolibéral, explique Philippe Ariès, ce serait une *grève générale de la consommation.* « Nous entendons opposer à la logique économique boulimique l'objectif de vivre avec moins de biens et plus de liens. La construction d'un projet politique fondé sur la gratuité de l'usage et le renchérissement du mésusage permettrait de résoudre à la fois les questions environnementales et sociales par le retour au politique. Seule la perspective d'une grève générale de la consommation peut rendre la puissance aux petits face à cette infime minorité de puissants qui s'engraisse de notre mal-vie et de la destruction de toute chose[85]. » Ce type de grève attaquerait le système dans ce qu'il a de plus central, et serait certainement plus efficace que la grève du travail, car les salariés sont à présent trop contraints par les menaces de chômage, d'exclusion et de pauvreté. Ariès avance l'idée de partage et de gratuité, et d'une « simplicité volontaire » à replacer aux fondements de la société. « La seule façon de nous opposer à la société du toujours plus, c'est de lui opposer quelque chose d'aussi fort qui ne peut être que le partage de la gratuité construite[86]. »

Face à ceux qui restent paralysés entre déni, indifférence, révolte, désespoir et impuissance, les initiateurs de ces projets alternatifs concentrent leurs expérimentations sur l'émergence de tout ce qui leur paraît porteur d'une nouvelle façon d'être et d'agir ensemble. Ils ne se contentent pas de pointer les limites de la démocratie représentative, ils étendent leurs expérimentations à la démocratie participative, au tirage au sort des dirigeants politiques. Ces groupes expérimentent de nouvelles compositions de refus, de créativité et d'espérance, ils lancent des projets de construction d'un nouveau lien à autrui et au monde. Ils pensent qu'il est plus efficace d'enclencher de multiples actions concrètes, de terrain, et ils insistent sur le fait que chacune de leurs initiatives vise à porter une perspective de transformation globale. Naturellement ils éprouvent parfois avec douleur les difficultés de chercher à construire un monde différent. Avec parfois « récupération » politique ou économique « facile », suite à des subventionnements par des entités

---

[85] Philippe Ariès, *La simplicité volontaire contre le mythe de l'abondance*, La Découverte, 2010, p. 165.
[86] *Ibid*, p. 205.

qui se mettent ainsi en situation de pouvoir contrôler leurs initiatives. Commerce équitable, microcrédit, circuits courts, partage, ces concepts peuvent facilement être dévoyés de leurs intentions initiales par les pouvoirs en place. Il n'empêche, ils font naître l'idée de chemins possibles hors du *mainstream* de la globalisation.

✠✠✠

N'oublions pas les acquis irremplaçables du libéralisme : la promotion de la liberté individuelle, l'ambition de protéger les peuples contre les totalitarismes. Mais pour combattre au mieux les idéologies, doit-on les éliminer toutes, sauf celle du consumérisme ? Comment le libéralisme peut-il s'adapter à partir du moment où il prend conscience de l'impossibilité de sa poursuite selon ses paradigmes actuels ? Que faire quand on soupçonne que le principe de précaution, le développement durable, la RSE et les initiatives citoyennes dont nous venons de parler, qui représentent d'intéressantes prises de conscience des principales impasses de la civilisation occidentale, ne suffiront pas à éloigner le spectre de l'effondrement de cette civilisation ? Avant d'aborder aussi frontalement ces questions, observons comment la perception d'un besoin de changement s'est récemment développée dans les consciences à l'échelle mondiale.

4. Forces vives pour un nouvel avenir planétaire

Il n'existe pas une multitude de schémas directeurs envisageables pour tenter de saisir les orientations possibles de la postmodernité sur le long terme. On peut en distinguer quatre, sachant que la situation actuelle est un mélange des trois premiers. Le premier schéma consiste à penser que la résolution de nos enjeux majeurs résultera des rapports de force entre États-nations tels qu'on les connaît aujourd'hui. Le deuxième schéma est celui dont la réalisation semble actuellement en voie d'accomplissement *naturel*, quoique de façon bien incertaine et contestable : c'est la confirmation du rôle renforcé des *Big Players*, c'est-à-dire des principales TGE, institutions et des principaux États-nations qui détiennent dès aujourd'hui la quasi-totalité des pouvoirs et des patrimoines mondiaux ; dans ce schéma on compte sur l'intelligence et la sagesse de ces *Big Players* pour trouver eux-mêmes un chemin sécurisé vers BH22. Le troisième schéma table sur la mise en place rapide d'institutions internationales, aux pouvoirs renforcés, qui prendraient énergiquement en main les questions d'ordre planétaire - une étape préparatoire, en quelque sorte, à l'avènement d'un *gouvernement mondial*.

Mais aucun de ces trois schémas, pour des raisons diverses, ne paraît susceptible de faire émerger la compétence adéquate pour traiter efficacement des enjeux planétaires majeurs, ni enclencher la confiance mondiale suffisante pour aboutir à une gestion à la fois efficace et démocratique de ces enjeux. Un quatrième et dernier schéma vient alors à l'esprit : l'avènement (ou la construction) d'une nouvelle *conscience mondiale*, déconnectée des enjeux politiques et économiques, sur la base d'échanges de type « raisonnement public » mondialisé, au moyen des outils modernes de communication. On peut considérer que cette conscience mondiale, ou sentiment d'un destin commun planétaire, transparaît déjà dans de nombreuses initiatives citoyennes, dans l'activité d'ONG, et associations de divers types.

Les dangers globaux, qu'ils soient de nature militaire, écologique, ou économique, invitent clairement à une réflexion globale, de type *planétaire*. Et cette globalisation des dangers peut unir le monde comme rien auparavant n'a jamais permis de le faire. Même si elle le fait d'un geste défensif, en réponse à des risques encourus par tous, la globalisation des dangers est susceptible de représenter un fondement solide à l'établissement d'une politique mondiale de lutte contre ces dangers. Ces dangers font de nous des citoyens du monde plus sûrement que tous les espoirs liés à l'universalisme des Lumières. Que nous n'ayons pas choisi de devenir ces citoyens du monde, que nous ayons à endosser ce statut sur la base de menaces liées à l'activité humaine, cela ne représente pas forcément un frein à l'établissement d'une véritable politique de prévention de ces dangers.

Il existe un universalisme qui ne devient concret qu'avec la conscience d'une communauté de destin planétaire. On l'a vu, la vie et la possibilité de survie de l'espèce humaine, l'état de la biosphère, deviennent des valeurs véritablement universelles depuis l'entrée dans l'anthropocène. La conscience écologique impose d'abandonner l'idée d'un monde composé de particules distinctes - minéraux, végétaux ou animaux indépendants les uns des autres - ayant des « comportements individuels rationnels », manipulables par l'homme et son industrie. Elle dévoile l'épais tissu des relations et interconnexions des êtres vivants entre eux, et la formidable dépendance de l'homme à l'égard de cet ensemble. Elle met à jour des organisations spontanées et locales complexes, à l'intérieur de la grande organisation que représentent les écosystèmes, eux-mêmes compris dans la biosphère, auto organisée, autorégulée, et évolutive, au sein de laquelle les civilisations humaines ont déjà opéré de nombreuses adaptations. Il nous faut viser un retournement des logiques aujourd'hui au pouvoir et retrouver le chemin d'un humanisme « concessionnaire » de la planète.

Mondialisation et anthropocène fragilisent certains concepts classiques de la pensée occidentale, comme les concepts de *main invisible du marché* et de *destruction créatrice* ; mais ils en renforcent d'autres, dont il est intéressant de sonder la capacité à configurer une nouvelle pensée anticipatrice. Les concepts de *destin planétaire*, *Humanité*, *communs*, ainsi que le courant *cosmopolitique* acquièrent au XXIe siècle une consistance nouvelle et sont susceptibles de nous faire réfléchir de façon stimulante et novatrice.

L'Humanité, nouveau sujet de droit ?

La biosphère, l'humanité pourraient-elles devenir les premiers et derniers mots de toute stratégie au niveau planétaire ? Norbert Elias a développé ce type de questionnement voici plusieurs décennies. Il percevait l'intérêt du concept *d'humanité* comme découlant de l'évolution des relations géopolitiques contemporaines. Pour Elias, à partir de 1980 environ, le rôle de l'État s'est révélé de moins en moins prépondérant en raison de l'accroissement des interdépendances planétaires. L'État restait une forme agissante de première importance mais, expliquait-il, rester focalisé sur la seule capacité d'action de l'État était un leurre conceptuel hérité du XIXe siècle, un leurre qui perturbait la juste prise en considération des enjeux globaux du monde contemporain. Elias exprimait le souhait de s'appuyer sur de nouvelles catégories, dont celle d'*humanité*, pour repérer les dynamiques globales déterminantes pour l'avenir de la civilisation. Il parlait ainsi du caractère à la fois « utopique » mais « réaliste » d'un « Parlement d'États ». Nous devons aujourd'hui, disait Elias, promouvoir ce type d'utopie pour nous opposer avec conviction aux utopies dominantes et proposer de nouvelles voies d'action à l'échelle planétaire. Il estimait que ces nouvelles utopies pourraient avoir des impacts significatifs sur notre futur, à condition toutefois qu'elles s'articulent avec de réelles possibilités de changements. Il comptait sur le pouvoir *globalisant* du concept d'humanité pour opérer les synthèses que sont incapables de réaliser chacun des acteurs pris individuellement, coincés dans leur logique privée.

En d'autres termes le concept d'humanité, s'il paraît clair et pertinent, n'est pas encore opérationnel, principalement parce que les pouvoirs exécutifs sont en grande partie aux mains des États ou des multinationales. C'est un concept clair auquel il faut donner une force agissante, afin qu'il soit en mesure de fédérer l'ensemble des réflexions en direction de l'avenir. En fait, on devrait se préoccuper bien moins des processus intra étatiques et bien davantage des processus interétatiques. Les États sont tellement interdépendants qu'il devient difficile d'envisager l'avenir à l'intérieur d'une frontière nationale. Ce qui détermine nos perspectives aujourd'hui, ce sont les changements qui s'opèrent à l'échelle de l'humanité. Les utopies de demain devront être planétaires, et non plus étatiques.

La mise en place de nouvelles institutions internationales depuis un demi-siècle ne modifie pas fondamentalement ce constat. Certes, l'ancienne diplomatie fondée sur l'existence d'États forts est peu à peu remplacée par une diplomatie multilatérale au sein de laquelle les acteurs économiques privés jouent un rôle grandissant. D'où l'apparition d'instances mi économiques, mi politiques, transnationales, comme l'OCDE, l'OMC, le FMI, la Banque mondiale, le G8, véritables lieux de discussion des principales règles de fonctionnement et de régulation du jeu des plus grands acteurs de la mondialisation, règles qui viennent ensuite s'imposer aux États nationaux par ruissellement. C'est effectivement aujourd'hui dans ces enceintes, plus sûrement que dans les instances nationales ou avec les opinions publiques locales que se prennent les décisions les plus structurantes pour l'avenir. C'est ainsi que des pans entiers des domaines traditionnels des politiques intérieures nationales, comme les transports, l'énergie, l'éducation, la santé ou la politique fiscale, doivent s'aligner sur les standards de la concurrence internationale et des marchés mondiaux. Pour autant, ces institutions souffrent de deux lacunes : elles ne sont investies d'aucun mandat réellement public ; et elles ne représentent pas une recherche de projection globale à l'horizon BH22 telle que nous la tentons ici. Chacune de ces instances promeut les intérêts de ses mandants (intérêts économiques, financiers, militaires) sans effort de projection dans un cadre globalisé qui comprendrait les conséquences écologiques et anthropologiques sur longue durée des stratégies envisagées. Il faudrait pour cela qu'elles obéissent à une inspiration motrice globalisante. Or, nous en sommes loin. Par exemple, le concept de « patrimoine commun de l'humanité » s'est à présent imposé dans la sphère du droit international, mais il ne couvre pas l'ensemble des enjeux auxquels nous sommes aujourd'hui confrontés. Il est apparu en 1954 dans la convention de la Haye sur la protection de la propriété culturelle en période de conflit armé, pour construire une réponse juridique aux pillages et destructions des musées et collections opérées par les nazis durant la seconde guerre mondiale. Il a servi à penser le statut de « choses » qu'il s'agissait de soustraire à la souveraineté des États, comme les grands fonds marins, l'espace extra-atmosphérique, l'Antarctique ou encore, plus récemment, le génome humain. Il ne couvre pas les sujets de nature anthropologiques tels que le post humain, l'intelligence artificielle, la réalité augmentée, ou encore les échanges effectués grâce aux réseaux sociaux. Et surtout rappelons que l'humanité, - l'humanité actuelle, et donc encore moins l'humanité à venir -, n'est pas un sujet de droit. Le patrimoine de l'humanité est donc un patrimoine sans sujet, ce qui pose de sérieuses questions quant à la cohérence juridique de ce concept. Pour les juristes, ce concept ne peut réellement devenir opératoire, il représente au mieux une « métaphore ».

Des évolutions juridiques intéressantes sont toutefois à noter. Mireille Delmas Marty, juriste et philosophe du droit, estime que l'action politique à l'échelle mondiale semble s'orienter vers l'affirmation d'un « droit de l'humanité[87] ». Ce droit de l'humanité trouverait ses premières racines dans la dénonciation de l'humanité comme victime, principalement dans la reconnaissance d'apartheids et de génocides, c'est-à-dire dans les attaques les plus manifestes vis-à-vis du genre humain, méritant sans contestation possible le terme de « crimes contre l'humanité ». Ainsi existerait en droit, d'abord depuis la fin de la seconde guerre mondiale et la mise à jour de l'holocauste, une universalisation des « interdits fondateurs », puis la reconnaissance d'une « justice pénale internationale », la mise en place d'une cour, la

[87] Mireille Delmas-Marty, *Vers un droit commun de l'humanité.*

constitution d'un corpus de textes et d'une jurisprudence, autant d'actes de naissance de cette humanité de droit. Nous irions vers un ordre juridique mondial qui placerait au centre de ses préoccupations ce nouveau sujet juridique : « l'Humanité ». Delmas Marty voit cette progressive émergence de l'Humanité comme « sujet de droit » principalement au travers du recours de plus en plus soutenu à des formules telles que « biens communs de l'humanité », « patrimoine mondial de l'humanité », ou « crimes contre l'humanité ». La « force imaginante du droit » serait, selon Delmas-Marty, cette capacité à envisager le cadre juridique d'une société mondiale ayant pour centre la figure symbolique d'une Humanité érigée en sujet politique.

Cette évolution est intéressante pour notre propos, mais il n'est pas certain qu'elle permette d'avancer dans la résolution des enjeux contemporains de civilisation : en effet, tant qu'il n'existe pas de pouvoir exécutif au niveau mondial, il revient aux États-nations de faire respecter les décisions de cette justice globale et mondiale ayant pour sujet l'Humanité tout entière. Or, nous avons toutes les raisons de penser que les États chercheraient plutôt à profiter de ce droit pour optimiser leurs propres intérêts nationaux plutôt que pour promouvoir une quelconque idée de l'Humanité dans son ensemble. La paralysie du Conseil de sécurité de l'ONU est la plus manifeste démonstration que les raisons d'États font obstacle à la notion d'humanité globale. Nous avons régulièrement la démonstration que la plus grande puissance mondiale, les États-Unis, refuse de reconnaître la légitimité de la Cour pénale internationale, ou refuse de faire de la lutte contre le réchauffement climatique une priorité, et cherche bien au contraire à imposer par la raison militaire ou financière le respect dans le monde entier des normes et droits commerciaux conformes aux seuls intérêts américains. En fait, qu'il existe un droit ou non, les plus grandes puissances ne font souvent que s'en servir comme argument supplémentaire à leur puissance pour imposer des points de vue non globaux, spécifiques à un pays, à une entreprise, souvent contre l'idée même (ou le droit) d'humanité.

La puissance des communs

L'idée d'un destin commun de l'humanité commence à émerger. Elle reste certes très loin de produire des effets concrets sur les orientations stratégiques des plus grandes puissances mondiales, mais il vaut la peine d'analyser plus finement son potentiel de reconstitution de la vision d'un monde moins éclaté, moins directement voué à l'extinction par épuisement de ses ressources renouvelables. Nous prenons conscience du fait que le monde est en train d'être concassé dans les silos de la mondialisation. Surmonter cet émiettement pourrait devenir un objectif stratégique collectif de grande portée. Pourquoi ?

Nous comprenons à présent qu'aucune réserve de biens naturels ne restera préservée de l'expansion du capitalisme, quelles que soient les lois, conventions régionales, nationales, internationales, quels que soient les accords bilatéraux entre grandes puissances. L'un des aspects les plus spectaculaires du néolibéralisme tient dans le pillage qu'il autorise aux États ou aux oligopoles de ce qui auparavant ressortait du domaine du bien public, autrefois sous contrôle des communautés locales. Impressionnant catalogue des transferts des biens publics vers le domaine privé sur les dernières décennies :

entreprises publiques du domaine de la sidérurgie, du charbonnage, des chemins de fer, des chantiers navals, de la poste, du téléphone et de la télévision, de la production et de la distribution d'eau, et parfois d'électricité, de certains pans de l'enseignement supérieur et de certains organismes de recherches, de systèmes de santé et de retraite, application de *benchmarks* et d'indicateurs de productivité dans les services publics. Il y a extension de la marchandisation et de la propriété privée dans de nombreux et nouveaux domaines, ce qui pose problème notamment dans les domaines de la biodiversité, de la recherche scientifique, de la création intellectuelle. Le cas de l'expropriation des paysans autochtones de l'utilisation de leurs propres semences traditionnelles par des multinationales de l'agrochimie du type de Monsanto est particulièrement frappant ; ainsi que celui des monopoles du numérique, avec le cortège de servitudes qu'ils organisent.

Nous connaissons le concept de « tragédie des biens communs », qui illustre le phénomène collectif de surexploitation d'une ressource commune en vertu d'une logique concurrentielle. Les *biens communs* (ou tout simplement : *communs*) désignent les ressources naturelles et culturelles normalement accessibles à tous les membres d'une société, même s'ils sont souvent dans les faits accaparés par certains individus par le biais de la propriété privée. La réflexion sur les communs est appelée à prendre une place de plus en plus importante dans une perspective de projection sur le long terme. En effet, si nous nous contentons d'agréger les préférences présentes, il y a risque d'insuffisance de profondeur ou d'horizon. Nous aurons tendance à sous-estimer les conséquences de nos actions sur le futur. Les projets à long terme, les projets de type intergénérationnels par exemple, exigent la mise en œuvre de paramètres visant la définition d'un bien commun. Ni les technologies, ni les marchés financiers, ni les processus démocratiques actuels ne suffisent à anticiper les situations collectives qui résultent d'initiatives individuelles cumulées.

Une stratégie économiquement rationnelle au sens néolibéral est en fait, en situation de ressources limitées, une stratégie perdante pour tous. La *main invisible du marché* ne fonctionne plus en situation de ressources limitées. La mondialisation de l'économie rend ce constat particulièrement palpable, notamment à propos des ressources naturelles : dans le cadre d'une technico-économie globalisée et financiarisée, la *tragédie des communs* ne semble pouvoir aboutir qu'à la privatisation des principaux enjeux de civilisation. On le voit sur l'exemple du réchauffement climatique. L'évolution de la couche d'ozone, prototype d'un bien public mondial qu'il s'agit de sauvegarder, a été confiée au marché des *droits à polluer*, partant du principe que les équilibres de marché suffiraient à optimiser la conduite de tous les acteurs vers une stratégie de préservation de la couche d'ozone. Qui pourra croire que le marché, avec ses droits à polluer, sera le meilleur garant d'une évolution satisfaisante du changement climatique ? Notons bien que la question du commun ne renvoie pas uniquement à un problème de privatisation. A aucun moment il ne s'agit ici de se réfugier dans l'idée qu'il suffirait que les États retrouvent leur lustre d'antan pour solutionner cette question des communs. Le commun, entendu comme obligation que tous s'imposeront à eux-mêmes, n'est ni donné à l'origine, ni imposable de l'extérieur, c'est un programme de travail planétaire à engager et aucun État n'est en mesure d'encadrer cela. Le commun au sens nationaliste du terme est aux antipodes du commun qu'il s'agit ici de penser. Pierre Dardot et Christian Laval ont insisté sur le fait qu'au cours de l'histoire, les États se sont davantage distingués en matière de destruction des communs qu'en termes de protection ou de « réalisation » de ces communs. Ils précisent : « La prétendue « réalisation » du commun sous la forme de la propriété d'État ne peut être rien d'autre que la destruction du commun par l'État. Par conséquent, si quelque chose du commun a malgré tout survécu sous des formes souterraines dans les sociétés dominées par cette propriété, ce fut au prix d'une résistance à cette mainmise de l'État[88] ».

La question est alors de savoir si le principe politique du commun est susceptible de supporter efficacement une nouvelle conception de l'émancipation. Un programme de sauvegarde de l'environnement, la stabilité d'une monnaie, l'évolution d'un système de protection sociale, nécessitent des horizons longs, adossés à l'idée d'un bien commun. Sans cette idée régulatrice nous pourrions rester embourbés dans la « tyrannie des petites décisions », c'est-à-dire le fait que chacun d'entre nous puisse contribuer à détériorer l'espace public ou l'environnement par défaut de repères pour y adosser de nouveaux comportements : chaque citoyen, chaque consommateur, dans ses gestes privés, a besoin d'échelles de valeurs, adossées à l'idée d'un bien commun. Réfléchir à l'avenir, au XXIe siècle, c'est d'abord lutter contre la fragmentation du monde. Le commun peut-il représenter un cadre neuf pour reconsidérer l'ensemble des valeurs de la civilisation contemporaine, et ceci sur l'ensemble des champs d'émancipation possible dans les directions de la nature, du vivant, de la technique, de la connaissance, de la spiritualité ?

---

[88] Pierre Dardot et Christian Laval, *Commun. Essai sur la révolution au XXIe siècle*, p. 93.

Observons d'où vient le concept de *communs*. Dans les années 1990, c'est-à-dire dans le sillage de la mondialisation naissante, sont apparus des courants de pensée qui ont repris le flambeau, abandonné par le communisme en phase d'extinction, de la contestation de l'ordre technicoéconomique dominant. Sous la bannière principalement de l'altermondialisme, ils ont pointé les effets dévastateurs du néolibéralisme et ont affirmé la nécessité d'un nouvel ordre mondial fondé sur d'autres principes que ceux de la recherche de puissance, de croissance ou de profit. Le cadre de réflexion résolument mondial de ces mouvements est à souligner. Ils ont cherché à penser ensemble les questions écologiques, telles qu'elles étaient pointées alors depuis deux décennies dans le prolongement des premiers rapports du Club de Rome, la contestation des politiques néolibérales de dérégulation socioéconomique, et les mouvements sociaux traditionnels, parfois bien différents d'un bout à l'autre de la planète. Dans ce contexte le terme de *commun* a été requis pour exprimer des pratiques, des luttes, des formes d'existence distinctes ou opposées aux valeurs de la privatisation et de la marchandisation qui étaient alors en plein essor. Aujourd'hui encore il apparaît une forme de convergence des mobilisations contre la mondialisation technicoéconomique au nom de ce *commun* qui recèle donc un potentiel réellement intéressant.

Une grande partie de la réflexion en termes de communs prend sa source en Amérique latine, certainement parce que cette région du monde a dû, plus énergiquement que d'autres, trouver des parades aux politiques néolibérales très agressives qu'elle a eu à subir dans le cadre des célèbres « plans d'ajustements structurels » orchestrés par le FMI. Les résistants à ces plans d'ajustements ont alors promu les concepts de *bien commun* ou de *Terre mère* pour trouver des dénominateurs communs aux plus profondes préoccupations qui germaient à la périphérie des privatisations massives de certaines ressources auparavant collectives. Le film *Même la pluie*[89] retrace l'histoire d'un projet de privatisation de l'eau courante pour certaines populations autochtones des Andes ; il illustre avec beaucoup de profondeur la logique libérale qui aurait voulu que, sans leur lutte acharnée pour contrecarrer cette logique, ces populations aient à rémunérer la TGE qui conduisait cette opération de privatisation lorsque la pluie venait à tomber ; au motif que cette pluie tombant du ciel, donc mise gratuitement à disposition des populations, représentait un manque à gagner pour la multinationale. Le plus saisissant dans ce récit était le spectacle des institutions internationales et de diverses juridictions nationales ou régionales qui convergeaient toutes pour donner raison à l'entreprise contre les citoyens. Le film montre comment la logique libérale conduit au dépouillement du commun le plus emblématique, l'eau, dont une TGE s'empressait d'accaparer la ressource. Le commun, on s'en aperçoit sur un tel exemple, touche aux justifications mêmes du capitalisme. Résister aux nouvelles *enclosures* des communs, c'est également revenir sur le statut de la propriété privée à l'ère de la mondialisation. L'émergence du concept tient à la prise de conscience d'une double menace en germe dans la mondialisation : « la privatisation de tous les aspects de la vie quotidienne et la transformation de toute activité en valeur marchandise »[90]. La notion de communs est globale, elle comprend des types de ressources, d'initiatives et de pratiques très variées concernant l'humanité dans son ensemble. Les

---

[89] *Même la pluie*, film hispano-franco-mexicain réalisé en 2010 par Kiar Bollain.

[90] Noami Klein, "Reclaiming the commons", *New Left Review*, N°9, juin 2001.

communs représentent assurément un terreau sur lequel peuvent s'imaginer et se construire des pratiques sociales de partage selon des règles nouvelles, des pistes pour reconsidérer un ordre social adapté à notre époque.

La pensée des communs ne s'oppose pas à la mondialisation en elle-même mais se concentre sur la possibilité de contrôle démocratique des échanges et de l'exploitation des ressources publiques, et c'est précisément en cela qu'elle est féconde pour la réflexion à l'horizon BH22. On pourrait dire qu'elle est fille de la mondialisation : c'est le processus de mondialisation tel qu'il se déroule sous nos yeux, impulsé par les plus grands acteurs de la sphère technicoéconomique de la planète, et orchestré par les institutions internationales en charge de coordonner leur développement, qui rend aussi visible et palpable la nécessité de penser à nouveaux frais l'interdépendance des questions technicoéconomiques, sociales et anthropologiques. Nécessité brusquement amplifiée par le concept d'anthropocène dès le tout début du XXIe siècle. Sous ce terme de communs nous pouvons commencer à construire un vocabulaire et une grammaire partagés pour désigner et relier tout ce qui nous appartient collectivement, et dont nous avons à envisager la préservation, voire la croissance, sur longue durée. Car rien n'interdit d'envisager de nouvelles externalités positives, des reconstructions de lien écologique ou social dans la perspective des communs, et ceci tant dans l'espace que dans le temps. La notion de patrimoine intergénérationnel, les exigences de maîtrise de l'atmosphère, de gestion de l'espace, des océans, du patrimoine génétique, des ressources énergétiques et de matières premières, internet, toutes ces questions peuvent à présent s'envisager avec une légitimité certaine -

légitimité indirectement induite par la mondialisation et ses effets périphériques involontaires, une légitimité qui commence à peser dans les débats et controverses mondiaux sur ces sujets. Légitimité encore trop faible pour peser dans les circuits de décision des plus grandes puissances mondiales, mais légitimité en germe qu'il s'agit de consolider à côté d'autres éléments. Les communs représentent une revendication pour elle-même, autonome, sans le truchement des États, une revendication de contrôle démocratique sur les ressources communes, ce qu'Oscar Olivera, un des leaders boliviens de la « guerre de l'eau » exprimait ainsi : « Le cœur des questions posées par la privatisation de l'eau à Cochabamba était de savoir qui déciderait du présent et du futur de la population, de nos ressources et des conditions dans lesquelles nous vivons et travaillons. Nous voulons décider de ces questions par et pour nous-mêmes [91]».

Mais il y a un fossé entre cette évidence conceptuelle et la réalité des rapports de force dans les enceintes où se prennent les décisions stratégiques les plus structurantes pour l'avenir. Selon Dardot et Laval[92], le concept de « biens publics mondiaux » avait réussi à s'imposer sur la scène internationale, de façon significative, au début des années 1990, sous l'égide des Nations Unies. Au moment où, paradoxalement, la chute du mur de Berlin avait libéré la place pour la pensée néolibérale alors en gestation et qui commençait à déployer ses normes et dispositifs à l'échelle mondiale. Il s'agissait de redéfinir la notion de

---

[91] Oscar Olivera, *Cochabamba*, cité par Pierre Dardot et Christian Laval, *Commun, essai sur la révolution au XXIe siècle*, p. 108.

[92] Les deux paragraphes qui suivent sont inspirés de la conclusion, des pages 530 à 545, de Pierre Dardot et Christian Laval, *Commun. Essai sur la révolution au XXIe siècle.*

développement au-delà du seul critère quantitatif de la croissance des PIB, et notamment d'introduire, principalement sous l'impulsion d'Amartya Sen, des critères de bien être comme le taux d'alphabétisation ou l'espérance de vie pour la mesure de ce développement. Puis la conférence de 1992 sur le développement et l'environnement de Rio de Janeiro avait popularisé la notion de *développement durable*, élaborée dans le rapport Brundtland de 1987. C'est à la suite de ces initiatives que le concept de *biens publics mondiaux*, selon Dardot et Laval, avait réussi à se frayer une légitimité dans les débats sur la bonne gouvernance mondiale, ou sur les bonnes pratiques de gouvernance en général. Ces *biens publics mondiaux* sont ceux dont personne ne peut être exclu. Ils sont inaliénables, ils ne sont la propriété de personne en particulier, mais de tous en général. Dans cet esprit, les économistes du PNUD[93] ont proposé trois classes de biens publics mondiaux. La classe 1 serait celle des « biens de l'indivis mondial naturel » (couche d'ozone, stabilité du climat, etc.), caractérisés par une *surutilisation.* La classe 2 comprendrait le patrimoine fabriqué par l'homme (connaissance scientifique, internet, etc.), classe qui serait plutôt, elle en *sous-utilisation.* Enfin la classe 3 comprendrait tous les résultats d'une politique mondiale intégrée ou coordonnée (paix, santé, stabilité financière, etc.) biens dont la caractéristique est la *sous-production.*

Dardot et Laval estiment que la théorie des biens publics mondiaux et la politique qu'elle inspirait avaient obtenu le soutien d'une partie des organismes mondiaux comme l'ONU et même, bien que plus timidement, de la Banque Mondiale ou du FMI. Il arrivait fréquemment à

[93] Inge Kaul, Isabelle Grunberg, Marc Stern, *Les Biens publics mondiaux*, Economica, Paris, 2003.

ces organismes de s'en prévaloir dans leurs orientations stratégiques, d'y faire référence ouvertement. Mais cette attention n'a pas duré longtemps, et la régulation par la concurrence s'est avérée représenter un paradigme plus puissant. Dans le fond, ces organismes estiment que les entreprises et la logique concurrentielle restent les meilleurs garants de la production ou de la préservation des *biens communs*. En fait la logique néolibérale au début du XXIe siècle cherche plutôt à canaliser la revendication des biens communs dans une définition *économique* des biens publics, pour en limiter l'extension, voire pour construire de nouvelles filières économiques, pour concevoir des objets commercialisables. On accepte de parler de biens fondamentaux à propos de la santé, de l'éducation, du logement, du travail, mais c'est prioritairement pour organiser, structurer, commercialiser l'accès à ces ressources. Pour Dardot et Laval le problème est là : dès que l'on définit ces biens communs comme des ressources, on leur ôte immédiatement toute possibilité de demeurer des droits fondamentaux opposables aux logiques des marchés et des États ; dès qu'ils deviennent des *ressources*, ils entrent dans les circuits de la production, de la distribution et de la consommation économique, ils perdent leur statut de droits communs, supérieurs aux souverainetés et aux droits de propriété. C'est ainsi que la notion de biens communs a été globalement abandonnée par les plus grandes institutions internationales qui se sont rangées à la logique néolibérale mondialisée. Seuls l'Unesco et l'OIT, organisations plutôt mineures en termes d'impact sur les orientations stratégiques des acteurs de la mondialisation, continuent aujourd'hui à y faire référence. Les plus grandes puissances, les États, les TGE, l'OMC, le FMI en font l'impasse. Ils mettent en place des dispositifs libéraux de façon totalement décomplexée. Les accords sur la propriété intellectuelle (ADPIC de 1994) par exemple, sont ouvertement tournés contre le *droit à la santé*, comme on le voit sur la question des OGM ou de la fabrication de médicaments génériques. Le rythme du réchauffement climatique est confié aux équilibres de marché, au travers du marché *des droits à polluer*. Le rythme d'exploitation des énergies et matières non renouvelables, l'impact de l'activité socioéconomique mondiale sur la destruction de la biodiversité, rien de tout cela n'est suivi ni coordonné au bon niveau. Mais ce revirement des principaux acteurs de la mondialisation, si toutefois on peut parler d'un revirement - disons plutôt cette stratégie d'approche libérale des enjeux de civilisation - a le mérite de mettre clairement en lumière le rôle d'accélérateur joué par ces acteurs. On s'aperçoit alors clairement qu'un changement politique et économique de grande ampleur, à l'échelle mondiale, est à présent requis sans objection possible.

La question du commun, de son potentiel de reconfiguration d'un monde réellement « commun » au XXIe siècle, mais aussi de sa grande fragilité, sont mises en lumière par les évolutions récentes en matière de propriété intellectuelle. Il y a captation des progrès de la connaissance par les grandes entreprises qui ont réussi à contenir le potentiel politique de l'innovation dans les limites juridiques de la propriété privée. Les grands groupes cherchent à confectionner des rentes technologiques par la détention de brevets qui leur donnent un monopole temporaire d'exploitation de ces rentes. C'est parce que les démocraties libérales ont accepté l'idée que les entreprises avaient besoin de protection et de restriction quant à l'utilisation de leurs recherches que sont apparus les brevets. De fil en aiguille nous en sommes venus à accepter l'idée qu'un renforcement du droit de propriété était une condition *sine qua non* de compétitivité et de croissance économique. Il est temps de réinterroger ce paradigme. Pourquoi donc prolonger cette protection à l'heure où l'on craint le pire quant aux conséquences inanticipables et immaîtrisables de la plupart des innovations technoscientifiques, souvent appliquées à la Terre entière avant que nous soyons en capacité d'en mesurer les implications durables pour l'ensemble de l'humanité ?

Le point de vue du juriste américain James Boyle à ce propos est intéressant. Il explique que la première génération des mouvements d'enclosures avait concerné la terre, et que la seconde concerne à présent les « communs intangibles de l'esprit ». Désormais, dit-il, il existe un marché mondial des droits de propriété sur la connaissance, créé par les brevets qui permettent de constituer des marchés de la connaissance codifiables, valorisables, échangeables. Ce sont de nouveaux pans entiers de la vie collective qui s'ouvrent ainsi à l'activité commerciale, là où la gratuité était historiquement de mise. Cette enclosure du domaine intellectuel se traduit concrètement par la protection renforcée des marques, l'allongement des droits de *copyright*, la reconnaissance de brevets sur le décryptage du génome de plantes ou d'animaux, et peut-être demain sur la création et l'exploitation de chimères. C'est pour cela que les négociations sur « la propriété intellectuelle » sont devenues aussi centrales dans les échanges internationaux. Le terme « propriété intellectuelle » est apparu en 1967, introduit par une agence de l'ONU, puis relayé lors de l'Uruguay Round dans le cadre du GATT, poussé de concert par les TGE et les gouvernements, et repris depuis 1995 dans les séries de négociations multilatérales coordonnées par l'OMC. C'est ainsi que la recherche publique et les universités sont à présent soumises dans certains domaines aux lois du secret commercial.

La question de la propriété intellectuelle est devenue en quelques décennies un enjeu majeur des négociations internationales dans des proportions telles qu'elle appelle, ici également, le concept de commun comme vis-à-vis « naturel » pour organiser une certaine résistance à la propagation de ces pratiques dans les domaines les plus intimes de la vie personnelle et collective. Dans ce nouveau monde, l'innovation n'appartient plus au registre de la création ou de l'invention, mais au registre de l'investissement. Dans ce cadre, le brevet devient un outil de réservation de marchés, il ouvre la possibilité de créer et d'exploiter de nouveaux marchés. La recherche n'a plus à être reconnue, appréciée, commentée, elle doit être rentable. Dans le domaine du vivant, cette conception de la propriété confine avec la bio piraterie, qui permet aux multinationales du Nord de se rendre propriétaires, d'exploiter et de commercialiser les réserves biologiques et génétiques des pays du Sud. Ce procédé permet le pillage de savoirs indigènes reconvertis en « inventions » d'entreprises multinationales, de sorte que les populations autochtones devront ensuite payer « même la pluie ». Un exemple paradigmatique de ces stratégies d'expropriations est bien connu : des millions de paysans dans le monde sont à présent sous la dépendance de Monsanto, qui a réussi l' « exploit » commercial de faire dépendre des populations entières de ses semences brevetées, commercialisées mais non réutilisables par les paysans car stériles pour la reproduction, et a réussi dans plusieurs pays à faire interdire l'usage de certaines semences traditionnelles.

Le commun constitue, à n'en pas douter, un matériau particulièrement intéressant et adapté pour la reconstitution d'un monde vivable au XXIe siècle, mais il reste coincé dans les rets de la mondialisation financiarisée et devra être énergiquement soutenu pour accéder à l'existence politique que ce concept appelle.

Le potentiel « renversant » du cosmopolitisme

Le macro scénario de la globalisation s'impose, avec son cortège de reconfigurations : nouvel ordre mondial, institutionnalisation croissante des relations internationales, libéralisation des échanges économiques, société civile mondiale en marche dans de nombreux domaines, réseaux planétaires de communication en temps réel. D'où l'apparition de termes nouveaux : cosmopolitisme, globalisation, mondialisation, glocalisation, transnationalisation, internationalisation. On parle aussi de société monde, d'empire mondial (Hardt et Negri) de trans-monde (Scholte), de trans-société (Stichweh). Ces termes illustrent l'enchevêtrement des composantes sociales et spatiales dont on ressent la densité croissante. Les déplacements à l'échelle planétaire se développent alors qu'ils étaient voici peu de temps encore l'apanage d'une minorité de marchands ambulants. Le développement des communications sur longue distance et en temps réel accroît la possibilité de s'informer et de maintenir des liens sociaux forts pendant longtemps sur de vastes espaces. Mais les sociologues ne savent pas vers quels ensembles nous nous dirigerons finalement : « Il est encore impossible de savoir si le XXIe siècle sera celui des nationalismes, des régionalismes ou encore de toute autre forme d'espaces sociaux « conteneurs », ou bien celui de la diaspora et des espaces sociaux transnationaux »[94]. Mais parmi les nouveaux termes utilisés pour penser ce nouveau contexte, il en est un qui retiendra notre attention pour la réflexion prospective à l'horizon BH22, c'est celui de cosmopolitisme.

Le cosmopolitisme est par essence l'expression d'un recours philosophique et juridique contre la logique du profit qui anime la mondialisation. Il invite à reconsidérer *l'économie monde* en raison de ses dangers, et aussi en raison des évolutions considérables constatées dans les modes de production, d'échange, dans les progrès des télécommunications, dans l'existence de divers types de réseaux mondiaux. Il est en lui-même contestataire : par sa simple présence il tend à limiter la propriété et les droits individuels et régionaux. Le cosmopolitisme représente la responsabilité pour l'humanité. Il est le supplément d'âme qui recouvre la responsabilité directe et qui s'ajoute à nos considérants professionnels, politiques, publics ou privés. Je ne suis pas seulement salarié de telle entreprise, citoyen de tel pays, je suis également citoyen du monde, d'un monde que je sais à présent fragile, un monde qui requiert mon attention et celle de tous ses habitants dans la mesure où il n'est le souci d'aucune des plus grandes puissances mondiales. Le sentiment cosmopolitique me conduit à rechercher un lieu et un langage pour échanger avec mes concitoyens et avec les plus grandes puissances mondiales dans l'optique de comprendre ce qui se trame à la surface du monde. J'attends de ce langage qu'il unifie le vocabulaire à l'aide duquel je vais pouvoir échanger avec tous, et si possible qu'il propose un début de classification des sujets les plus structurants pour l'avenir de l'humanité.

---

[94] Ludger Pries, « Les espaces enchevêtrés du « tournant global » », in *Le tournant global des sciences sociales* (Dir. A. Caillé et S. Dufoix).

Ulrich Beck est à l'initiative de plusieurs développements de l'idée cosmopolitique. Il parle de la mondialisation comme d'un processus de transformation historique que seule une nouvelle politique intérieure mondiale pourrait encadrer. Il cherche à penser un monde et une dynamique dont les piliers et les logiques d'action issues de l'organisation en États-nations, ainsi que la plupart des institutions nées en leur sein, seraient en train de devenir caduques, inopérantes, laissant un vide dans la distribution des pouvoirs au niveau mondial. Il estime que les règles de bases et les nouvelles frontières dans ce contexte mondialisé font l'objet de renégociations dans le cadre d'un *réalisme cosmopolitique* en phase de déploiement, « dont la logique de pouvoir reste à sonder, et qui accorde une place centrale au rôle décisif de l'économie mondiale et de ses acteurs au milieu d'États partenaires ou adversaires mais aussi aux stratégies des mouvements transnationaux de la société civile, y compris aux mouvements anti-civils comme les réseaux terroristes, qui dans la poursuite de leurs propres objectifs mobilisent contre les États une violence privatisée »[95]. De fait, cela fait plusieurs décennies déjà que certains problèmes mondiaux font partie de notre quotidien. La faim dans le monde, l'accroissement des inégalités, le changement climatique, les angoisses liées à l'emploi du nucléaire, les diverses applications d'innovations chimiques ou génétiques, tout cela provoque nombre de questions relatives au vivre ensemble. Chacun peut en faire l'expérience à titre privé ou collectif.

Mais comme le dit Beck de façon fort suggestive, « l'imaginaire du cosmopolitisme n'a pas encore eu l'occasion d'user de sa force utopique ». Le nationalisme a

---

95 Ulrich Beck, *Pouvoirs et contre-pouvoirs à l'heure de la mondialisation,* p. 11.

eu cette occasion, dramatique, au cours du XXe siècle. L'économie libérale est en train d'avoir la sienne, mais elle butte sur le problème de son empreinte écologique et sur les inégalités qu'elle engendre. Il est possible qu'une perspective réellement cosmopolitique, adossée à l'idée d'une conscience universelle montante, puisse représenter une réelle invitation à reprendre en main les orientations de la civilisation occidentale. Il y a assurément quelque chose d'intéressant dans l'idée de cosmopolitisme. Pour qui réfléchit en termes d'anticipation, le cosmopolitisme offre un cadre théorique cohérent avec le rayon d'action des principaux enjeux contemporains de civilisation. La définition qu'en donne Beck interpelle :

> …Le cosmopolitisme est la prochaine grande idée qui succédera à celles, trop usées par l'Histoire, de nationalisme, de communisme, de socialisme, de néolibéralisme, et il se *pourrait* que cette idée rende possible l'improbable, c'est-à-dire qu'elle permette à l'humanité de survivre au XXIe siècle sans sombrer à nouveau dans la barbarie[96].

Ni effondrement, ni *clash of civilizations*, le cosmopolitisme ambitionne de faire coexister dans un nouveau type de civilisation humaine différentes histoires, différentes traditions. Il pourrait user et tirer profit des menaces planétaires et catastrophes humanitaires en gestation pour mobiliser sur de nouvelles bases une conscience mondiale progressivement excédée par les perspectives de crise écologique, de déploiement d'un individualisme stérile, d'une précarité sociale accentuée par les inégalités, d'une mondialisation culturelle consumériste peu attractive du point de vie social.

C'est la perception des menaces que la civilisation fait peser sur elle-même, dit Beck, qui lève le verrou de

[96] *Ibid.*, p. 19.

l'optique nationale, et se transforme en même temps en une source de nouveaux dangers politiques globaux d'autant plus problématiques qu'il n'existe pas de cadre culturel à la même échelle pour les accueillir. Dans ce vide et par manque de cadre conceptuel, certains acteurs comme les États-nations, mais aussi les multinationales ou les ONG, revêtent l'habit du gendarme et proposent le *statu quo* en invoquant la nécessité d'éviter les dangers planétaires redoutés. En l'absence d'une grille d'analyse permettant la mesure et l'évaluation concertée, neutre et transparente de ces risques, ces acteurs peuvent aisément déguiser leurs stratégies locales ou sectorielles en mesure de défense de la société civile mondiale. Et nous touchons là un problème d'une très grande importance : comment faire en sorte que notre récente prise de conscience de l'extrême fragilité de la civilisation ne se transforme en argument de premier choix pour justifier toutes sortes de totalitarismes ? Que la prise de conscience de l'entrée dans l'ère de l'anthropocène suscite des réflexions de grande ampleur est une bonne chose, qu'elle serve d'alibi à la poursuite d'intérêts d'ordre privé ou totalitaire en est une autre.

L'optique cosmopolitique a ceci d'intéressant qu'elle met à jour le fait que l'humanité est à la fois sujet et objet des menaces qu'elle engendre. Elle rend manifeste que toute considération à l'échelle de l'humanité ne pourra trouver de solution dans les institutions classiques actuellement en fonctionnement. Elle explicite clairement le besoin d'un nouveau mode d'identification et d'évaluation de nos enjeux stratégiques pour éviter que ceux-ci ne deviennent la proie d'une recherche privée de profits ou de toute autre forme de pouvoir. « Ce n'est donc pas la *croyance en la communauté* nationale (Max Weber), mais la croyance en la possibilité d'écarter le danger qui menace l'humanité par l'action politique représentative et pour l'humanité menacée, qui fonde la légitimité »[97]. Mais cette posture ne garantit pas que l'humanité elle-même sera capable d'identifier et de mettre en œuvre ce qui pourra empêcher son suicide.

> On peut même poser la question suivante : quel pouvoir, de quelle portée, pourrait seulement être en mesure de protéger l'humanité de l'humanité ? Certainement pas tous les '*sauveurs*' que l'Histoire et l'histoire de la théorie politique ont produits : ni le prolétariat, ni les pauvres parmi les pauvres de l'âge global, ni les dirigeants des partis ni les chefs de gouvernement, ni même un '*bon dictateur*' de la société mondiale. Si tant est que cela soit possible, seule la perception des risques qui pèsent sur l'humanité et ne peuvent ni être niés ni être externalisés pourra parvenir à éveiller les forces, instituer une communauté globale de destin capable de briser les murailles formées par les frontières et les égoïsmes nationaux - au moins l'espace d'une seconde dans l'histoire de la planète[98].

L'enjeu est gigantesque : il faudrait que la conscience mondiale d'un destin partagé imprègne suffisamment les esprits et les cœurs de la grande majorité des sept milliards d'individus qui composent l'humanité, et en premier lieu les plus grands acteurs de la mondialisation, pour que puissent se dissoudre tranquillement nos logiques actuelles suicidaires et pour que naisse, ou renaisse, un nouvel ordre mondial. Pour que cette conscience mondiale se traduise par une nouvelle perception des risques et opportunités de la civilisation contemporaine. Beck souligne ce que cela impliquerait en termes d'anticipation.

> *Perception* signifie aussi *anticipation*. Avec la perception des dangers qui menacent l'humanité, le gouvernement d'hier, la dictature des frontières et des traditions, est renversé et remplacé par un gouvernement d'avenir, dans lequel l'incertitude des dangers se propage. Les coordonnées de

---

[97] *Ibid.*, p. 461.
[98] *Ibid.*, p. 461.

> l'espace et du temps sont redéfinies. Les champs d'expérience et les horizons d'attente divergent[99].

De nombreux penseurs ont perçu ce passage à ce que l'on appelle, *a posteriori*, le cosmopolitisme : Kant, Adam Smith, Tocqueville, Goethe, Nietzsche, Marx sont les plus célèbres. Ils ont cherché, dans divers domaines, les lois d'une histoire mondiale qu'ils sentaient en cours de déploiement sous leurs yeux, surtout à partir du début du XIXe siècle. Car il devient clair que l'optique nationale, régionale, sectorielle, corporatiste, toutes ces optiques sont à présent caduques : elles sont aveugles au fait que les informations, les marchandises, les hommes, les capitaux ignorent les frontières. Il en est d'ailleurs de même pour les frontières temporelles : la longue période de germination ou de latence de certains problèmes comme le réchauffement climatique, l'élimination des déchets nucléaires, le vieillissement d'une population mondiale urbanisée, les produits alimentaires génétiquement modifiés, tout cela échappe aux routines juridiques territoriales et renvoie à des considérations d'emblée planétaires. Ce qui voit le jour actuellement, ce qui est tout à fait nouveau, c'est cette optique cosmopolitique dans laquelle les hommes se perçoivent comme des entités faisant partie d'un tout, d'un tout fragile et menacé par leur histoire et leurs projets. Une conscience quasi collective de l'appartenance au monde est en train d'apparaître, favorisée par les échanges d'informations accélérés par la numérisation et le déploiement des réseaux sociaux. La perception par l'opinion publique mondiale d'une menace climatique globale, les risques liés à l'utilisation de technologies mal maitrisées, les crises financières et les désordres mondiaux qu'elles occasionnent, ainsi que les attentats terroristes sont autant

[99] *Ibid.*, p. 462.

d'éléments constitutifs de cette prise de conscience mondiale. Les principales tragédies de notre époque ont cette double caractéristique d'être à la fois d'origine anthropique et d'envergure mondiale, de se déployer sur un horizon d'expérience et d'attente planétarisé. Le cadre cosmopolitique est assurément le plus solide pour appréhender l'ensemble des changements les plus structurants à l'échelle mondiale.

Les limites d'un imaginaire global inclusif

Mais il existe de nombreux freins au déploiement de cette conscience globalisée. Dans bien des cas ses premiers développements peuvent s'avérer totalement contreproductifs et se traduire par des verrouillages de la pensée locale, nationale, sectorielle. De nombreuses études sont consacrées actuellement aux forces d'attraction respectives des pôles globaux et locaux de l'expérience contemporaine. On a même parlé de *glocalisation* pour décrire cet état de questionnement. Le présent technicoéconomique colonise l'avenir. C'est patent si l'on considère la nature des stratégies mises en œuvre actuellement : jusqu'où et jusqu'à quand conditionneront-elles la vie des générations à venir ? D'ailleurs, la difficulté à appréhender le monde au niveau global est également prégnante à titre personnel. Bien que nous vivions dès à présent une vie globalisée et confrontée à des forces puissantes et mondialisées, nos pensées et gestes sont mus par le caractère privé, localisé et immédiat de nos expériences. Il n'est pas naturel de *penser global* à titre individuel - de ressentir et agir en accordant un poids significatif au global. Certes la situation est différente pour les gouvernements, les entreprises et toutes entités qui assurent des relations internationales depuis longtemps : ces entités ont mis en place des organisations et développé des stratégies adaptées à leurs besoins, souvent au périmètre du monde entier. Nous avons analysé comment les TGE par exemple disposent de véritables stratégies d'approche mondiale d'un marché, de l'emploi d'une technologie, des circuits logistiques, des réseaux physiques ou numériques. Mais il n'existe pas, ou peu, d'imaginaire global inclusif, ni pour les individus, ni pour les collectifs. Paul Kennedy[100] attire notre attention sur ce constat. Considérons à titre didactique, dit Kennedy, que nous avons ici affaire à deux scénarios différents.

Dans le premier scénario nous constatons un très dense réseau de relations sociales qui prospèrent hors des cadres nationaux : « grand nombre de migrants, de criminels transnationaux, d'hommes d'affaires occupés à gérer des filières mondiales de marchandises, de touristes, de professionnels, de terroristes, de chefs religieux, de pèlerins, et bien d'autres encore, cherchant à étendre leurs affaires et leurs relations par-delà les distances géographiques et sociales ». Ajoutons à cela les expériences culturelles rendues possibles par le consumérisme mondialisé, le pouvoir des marques et l'internationalisation de certaines rubriques des *mass media*. Malgré cela le « noyau minimal » de globalisation reste faible. Malgré tout cela « la grande majorité des habitants du globe ne peuvent ou ne veulent pas encore penser, ressentir ou se comporter - ne serait-ce qu'un peu - comme si l'existence du monde comme un tout avait de l'importance et/ou comme si la vie de gens inconnus à

[100] Paul Kennedy, « Rééquilibrer les comptes : la résilience du local et la fragilité d'une conscience globale », in *Le tournant global des sciences sociales* (Dir. A. Caillé et S. Dufoix). Les citations dans ce paragraphe renvoient à des extraits repris des pages 134 à 139.

l'autre bout du monde leur imposait parfois une certaine responsabilité ». En fait ,dans ce scénario, le global est vécu comme une condition d'existence mais pas comme un projet. « La globalisation est avant tout le résultat cumulatif accidentel, involontaire et imprévu, des agendas privés, locaux ou nationaux mis en œuvre par une multitude d'acteurs, hier et aujourd'hui ». Dans ce scénario, la multiplication des échanges internationaux n'aboutira jamais à un sentiment d'appartenance à un même monde, décidément trop grand et trop lointain pour pouvoir pénétrer dans le circuit des raisonnements privés.

Le second scénario prend le contre-pied du premier : « …le global comprend de plus en plus un monde agissant « pour soi », un monde rendu possible par le partage d'une conscience globale », entraînant une masse critique d'individus et de collectifs qui tendent à considérer que la vie des autres et celle de la planète méritent attention et soutien. Dans ce scénario qui « demeure en réalité embryonnaire et n'est guère confirmé par la réalité » Kennedy note que la notion de « global implique, et même exige de construire et d'adopter un imaginaire global inclusif », afin de considérer la globalisation comme un projet collectif et pas seulement comme une condition de l'environnement. Mais tout dans l'expérience montre qu'il « ne faudrait pas confondre l'existence d'une condition globale avec l'existence d'un sentiment massif d'appartenance à la communauté mondiale ».

L'intérêt de cette analyse de Kennedy est de souligner que « nous sommes confrontés à une disjonction massive entre le monde *en soi* actuel et la potentialité ou le besoin urgent d'un monde qui soit de plus en plus capable d'agir collectivement *pour soi*, au moins de temps en temps ». Nous sommes ici au cœur de la question qu'il s'agit d'éclairer. Sur des questions stratégiques qui engagent l'avenir de l'humanité il est indispensable de tendre vers la constitution d'un *monde pour soi*, dont le projet global ne correspondra pas nécessairement à la somme des stratégies individuelles de chacun des acteurs. C'est une autre manière d'exprimer les conditions minimales d'une reprise en main par la civilisation de ses propres enjeux vitaux. Ma propre analyse me conduit à prolonger ce constat de la façon suivante : les acteurs sont confrontés à ce niveau à des phénomènes ou enjeux qu'ils ne *comprennent* pas. Qu'il s'agisse du changement climatique, du fonctionnement des marchés financiers, de l'accès à l'emploi, du prix des marchandises, de la sécurité de l'épargne, de la fiabilité des régimes de retraite : les gens sont incapables de saisir dans toute leur complexité les multiples rouages de ces processus, ne perçoivent donc pas comment ils pourraient participer concrètement à leur évolution - et se contentent d'exécuter des tâches qui leur sont dictées par des tiers, sans les comprendre. Or sans compréhension intime d'un phénomène, on ne saisit pas clairement comment ce phénomène pourrait nous concerner, et la règle de prudence nous invite à ne pas nous impliquer, en partie par manque de motivation profonde, en partie en raison de notre compréhension imparfaite de la situation. Seul un programme très ambitieux de formation et une culture de la mise en débat pourrait combler en partie ces manques.

De toute façon la distance reste importante entre la conscience d'un destin commun et la mise en œuvre d'une politique adaptée à cette conscience. Pour Susanna Lindberg, les limites du cosmopolitisme, plus exactement les difficultés de sa matérialisation en règles éthiques et politiques, ressortent de trois manques[101]. D'abord, la communauté mondiale ne dispose pas réellement d'un sol géographique, tout au plus d'un vague sentiment d'appartenance à un monde commun. Cela fait une grande différence. L'espace global n'est pas un *territoire* au sens de la perception spontanée ni du droit. Il ne peut y avoir au niveau mondial l'acte archi-politique primordial, au sens de Carl Schmitt, la « prise de terre » qui enracine un peuple à son passé et lui permet de se construire un destin. Les contemporains ne sont pas des natifs de la Terre, ils n'en sont que des migrants, sans attache particulière au sol. Ensuite, l'espace global n'est pas facilement appréhendable car il n'existe pas de langue commune. Or, toute communauté politique jusqu'aujourd'hui a été imaginée comme une communauté linguistique. Les difficultés de traduction représentent un obstacle considérable dans l'optique d'imaginer et de construire un destin commun. Et la force d'une idée ne pourra devenir un appui juridique et politique solide si elle n'est pas parfaitement comprise par tous. Un bon exemple nous est fourni avec la globalisation, qui s'exprime surtout en anglais et en dollar. C'est bien tout le contraire qui se produit : si la théorie capitaliste néolibérale a réussi à se faire passer pour une vérité universelle, c'est au prix d'une imposition de sens ne supportant aucun débat et aucune critique, d'où probablement les énormes dégâts écologiques et anthropologiques qui l'accompagnent sans pouvoir faire l'objet de stratégies politiques alternatives. Enfin, l'espace global n'est pas vraiment un espace politique parce que ses habitants ne peuvent pas *participer* à ses processus politiques. Il n'existe pas de souveraineté populaire globale. Seuls les États restent souverains, et

---

[101] Je m'appuie ici sur la conclusion de l'analyse de Susanna Lindberg, *Le monde défait. L'être au monde aujourd'hui*. Hermann, - 2016, pages 157 à 174.

seulement sur leur territoire. Seuls les puissants groupes de lobbying peuvent se faire réellement entendre dans les négociations mondiales. Les quelques organes des institutions internationales qui s'intéressent aux questions mondiales n'ont ni la vocation, ni les moyens de s'enquérir des enjeux de la biosphère ou de l'humanité dans sa totalité. Pour ces institutions, la nature et les hommes sont des *ressources naturelles* et *humaines* dont le sort doit être articulé en fonction de calculs économiques. D'ailleurs, aucune institution ne peut remplacer une « politique », ne peut imaginer une « démocratie à venir », ne peut expérimenter un « vivre-ensemble ». Au final, si la communauté mondiale n'a pas de réelles racines géographiques, si elle n'a pas de langue commune, si elle ne permet pas de participation active à la vie politique, le chemin sera long avant de pouvoir mettre en œuvre une pensée commune.

✠✠✠

Décidemment il ne suffit pas d'invoquer le cosmopolitisme pour modifier les points de vue sur la réalité mondiale. Il est peut-être même illusoire d'envisager un quelconque moyen d'organiser l'unité sociale dans les démocraties avancées. Les notions de point de vue global ou d'optique mondiale sont peut-être devenues définitivement inaccessibles. Dans notre civilisation qui fonctionne à la spécialisation croissante, il est peut-être devenu radicalement impossible de gouverner, voire simplement d'observer le monde dans une perspective globale sans faire naître un soupçon d'incompétence. La richesse, la densité, le nombre des éléments composant les systèmes interdit peut-être toute ambition de cette nature. C'est vraisemblablement pour cette raison qu'un gouvernement mondial n'est toujours pas vraiment en voie de constitution alors qu'il s'agit d'un objet de réflexion depuis près de deux siècles. Mais ce constat sévère n'équivaut pas à une démission pour la réflexion prospective à l'horizon BH22. Il implique plutôt la mise en œuvre de nouveaux concepts aptes à soutenir l'élaboration d'une conception de l'émancipation clairement déconnectée de notre idée actuelle du progrès.

5. L'anticipation comme sagesse
Notion de chronostratégie

Doit-on désespérer de l'émergence d'une sagesse mondiale au motif qu'il n'existe pas de gouvernement mondial ? Peut-on espérer qu'une forte exigence de sagesse, aidée par les moyens modernes de communication, fonctionnant à présent à l'échelle planétaire, permette de faire des progrès significatifs dans la gestion des affaires mondiales ? En régime de communication interplanétaire en temps réel, peut-être n'avons-nous pas besoin de gouvernement établi ni de législation coercitive pour opérer un virage significatif dans les comportements individuels et collectifs. Nous venons de l'observer, un nouveau type de débat public d'envergure mondiale est peut-être en train de naître, et pourrait à terme peser sur les stratégies des pouvoirs en place. Qu'est-ce qui fait penser qu'une inflexion nouvelle, en direction de la sagesse, ne paraît pas totalement irréaliste ?

Voici un demi-siècle, l'espèce humaine s'imaginait triomphante, en route vers une accumulation de progrès qui visait la construction d'une sorte de paradis sur Terre. Elle se découvre tout à coup, au début du XXIe siècle, fragile et menacée d'extinction, possiblement sur un horizon court. Face à ce constat elle reste comme figée, incapable d'opérer un virage sur la route de ce futur menaçant. Les principaux acteurs de la mondialisation ne proposent rien d'autre que de continuer, dans la même direction, en accélérant. Mais le monde réel est limité, définitivement rétif à notre idéologie du progrès. Plusieurs des équilibres biophysiques auxquels l'humanité doit sa propre existence menacent d'évoluer. Nous affrontons un nouvel enjeu de gestion des surplus dans un monde diminué, et n'avons pour cela aucun repère. Les anciennes sagesses étaient formatées pour affronter la question du manque. Mais aucune de ces sagesses n'est appropriée à la gestion des surplus tels que l'Occident les expérimente aujourd'hui : excès de puissance, surplus locaux, manques globaux, sur fond de finitude récemment redécouverte. Des états de fait qui interrogent nos modèles en profondeur. La question des inégalités et de leur devenir est un lieu privilégié de reconsidération d'une juste harmonie à retrouver entre rationalité, anticipation, sagesse et stratégie.

Anticipation et stratégie dans la pensée chinoise

Qu'aurait bien pu penser un chinois de l'époque classique d'une enquête de type BH22 ? La Chine, on le sait, n'a pas théorisé le temps comme l'a fait l'Occident. Le simple fait de s'interroger sur le siècle prochain aurait eu pour les Chinois de la période classique un côté incongru. « Car on ne voit pas un auteur chinois, du moins avant que la Chine n'ait rencontré l'Europe et que le concept de temps se soit mondialisé, dire que le temps « fait » ceci ou cela ; ou même seulement que le temps « passe »[102]. D'où l'intérêt d'une confrontation des questions occidentales à la pensée chinoise, notamment au motif de cette conception radicalement différente du temps. Sujet qui, selon Anne Cheng, suscite un fort engouement depuis quelques décennies.

> Depuis plus d'un demi-siècle, la question de la philosophie chinoise n'est plus seulement la préoccupation des intellectuels chinois, elle est devenue l'affaire d'Occidentaux qui pensent trouver dans cette tradition une façon « autre » de faire de la

---

[102] François Jullien, *Les transformations silencieuses*, p.110.

philosophie. Nous avons là en vérité une belle rencontre au sommet entre le désir occidental d'altérité et le désir chinois d'identité[103].

François Jullien aide à comprendre comment la Chine, saisissant d'emblée le cours ininterrompu des événements, a plutôt pensé en termes de *procès* que de *temps*[104]. C'est pourquoi la Chine serait restée fermée à l'inquiétude tout comme à l'inspiration temporelle. Car comment expliquer, en effet, que

> … les Chinois ne se soient pas préoccupés du Début et de la Fin des choses ? Ni du but premier ni de la fin dernière ? Ni qu'ils ne se soient pas passionnés pour l'énigme de la Création, ni qu'ils n'aient dramatisé d'Apocalypse : le monde meurt tous les jours, le monde nait tous les jours… Il ne donne pas à songer à l'Eternel, mais plutôt à l'inépuisable de ses ressources : tel est le « Ciel » qui, parce qu'il ne dévie pas de son cours, ne discontinue pas d'engendrer[105].

La Chine parle plutôt de *Voie* et de *Ciel* là où nous parlons de *Création* ou *d'Éternité* - sans véritable correspondance entre ces termes. Cela lui permet d'avoir sur les questions stratégiques une approche largement décalée par rapport à l'approche occidentale. « Comme elle n'a pas extrait *d'être* du devenir, qu'elle n'a par conséquent pas envisagé *d'au-dessus* ou *d'au-delà* du temps, la Chine n'a pas conçu *d'atemporel* à opposer au temps. Elle n'a donc pas eu - tant il est vrai que la pensée ne se *plie* et ne se forge que par opposition - à penser le *temps* »[106]. A tel point que lorsque les Chinois ont dû

---

[103] Anne Cheng (Dir.), *La pensée en Chine aujourd'hui*, p. 184.

[104] François Jullien, *Du temps. Eléments d'une philosophie du vivre*, p. 27 et suivantes. F. Jullien attribue à Marcel Granet la primauté de ce constat que la Chine n'avait pas élaboré de concept de temps.

[105] François Jullien, *Les transformations silencieuses*, p.73.

[106] François Jullien, *Du temps. Eléments d'une philosophie du vivre*, p. 41.

traduire le mot temps en chinois, à la fin du XIXe siècle, au moment de leur rencontre avec la pensée occidentale, ils l'ont traduit par « l'entre-moment ». Ils n'avaient jamais éprouvé le besoin jusque-là d'isoler un élément homogène de la durée des processus. La Chine n'a donc pas *abstrait* le temps parce qu'elle ne l'a pas extrait de ce qu'elle conçoit comme le cours en constant renouvellement du monde, le *tao* ou la *voie*. Elle s'est préoccupée de la continuité des événements et non du temps comme cadre de ces événements. Cela ne l'a pas empêchée de décompter avec précision les moments du jour, les années et les ères. Les Chinois ont construit des horloges très sophistiquées et se sont montrés très rigoureux dans l'élaboration des calendriers ; l'histoire est une discipline centrale de leur culture.

Pour la pensée occidentale, que le temps existe ou non en lui-même, le simple fait de pratiquer la conjugaison commence à lui conférer un certain degré de réalité, une certaine épaisseur ontologique. Le simple fait de dire que cette chose *était*, ou *sera*, suffit à la doter de caractéristiques bien distinctes, quasi morphologiques. Il s'agit dans la pensée occidentale de passer d'un état à un autre. Or, la Chine ne conjugue pas. Elle n'est donc pas portée à opérer cette distinction si fondamentale pour nous. On peine à mesurer les incidences d'un fait aussi massif. Comment peut donc fonctionner une pensée pour qui passé, présent et futur ne sont pas des catégories définitivement structurantes ? Par où l'on voit combien le temps occidental est une construction du langage. Qui dit construction dit possiblement déformation. Possiblement déviation de la logique des processus au sens chinois de la représentation du monde. A moins que le temps ne soit qu'une fiction occidentale, la fiction au moyen de laquelle nous repoussons au loin toutes les énigmes du devenir. Se pourrait-il que cette fiction aille jusqu'à nous exonérer de remplir les tâches qui devraient s'imposer en suivant le *cours naturel des choses* au sens chinois ? Se pourrait-il qu'il y ait là une des origines de nos penchants apocalyptiques contemporains ? L'anthropocène n'est-il qu'une fiction occidentale ?

La Chine, sans notre tripartition occidentale passé-présent-avenir, en sort-elle plutôt fragilisée ou plutôt libérée par rapport à nous ? Et qu'elles en sont les implications en matière d'anticipation ? Projets, modèles, programmes étouffent le devenir dans la pensée chinoise ; ils font de l'ombre à l'inédit et l'empêchent probablement d'éclore dans les meilleures conditions. Tout plan contribuera à réduire l'ouverture au futur, à restreindre la portée de l'événement. Il freinera le rythme du renouvellement qui fait l'unicité du moment. Rappelons que la nature grecque vise à *fabriquer* là où la nature chinoise cherche à *transformer*. Là où le stratège grec utilisera la prévision rationnelle dans l'optique de dépasser les apparences de la situation pour atteindre des vérités cachées mais plus véridiques, tapies au fond de l'être, le stratège chinois ne cherchera pas à conjecturer, argumenter, prouver, ni construire.

> Il n'échafaude pas d'hypothèse, n'entre dans aucun calcul de vraisemblance. Tout son art, en revanche, est de détecter au plus tôt les moindres méandres qui sont portés à se déployer : en les décelant, à peine elles commencent à orienter, en secret, le cours ininterrompu des choses, avant donc qu'elles n'aient eu le temps d'émerger et de manifester leurs effets, il est en mesure de prévoir à quoi elles conduisent[107].

La Chine ne recourt pas à notre schéma de modélisation basé sur le couplage moyens-fins. Elle n'envisage pas le

[107] François Jullien, *Traité de l'efficacité*, p. 91.

cours des choses sur cet angle. Jullien dit qu'elle ne vise pas une *application*, mais plutôt une *exploitation.* Dans la pensée chinoise, le stratège efficace est celui qui saura détecter au plus tôt le mouvement qui s'amorce à peine, celui qui saura l'appréhender à son stade le plus primitif, au moment où la tempête n'est pas encore déclenchée, la crise encore secrète, le changement pas encore actualisé.

> Le stratège chinois ne délibère pas des moyens… Il ne projette ni ne construit rien. Il ne « délibère » pas non plus, ni n'a à « choisir » (entre des moyens qui seraient également possibles). Ce qui suppose qu'il n'y ait même pas de « fin » pour lui, dressée à distance sur un modèle idéal, mais qu'il ne cesse de tirer parti de la situation au fur et à mesure de son déroulement (et ce qui le guide est simplement le profit à tirer). Plus précisément, toute sa stratégie consiste à faire évoluer la situation de façon telle que l'effet résulte progressivement de lui-même et qu'il soit contraignant[108].

Le détour par la pensée chinoise permet d'identifier d'autres ressources d'intelligibilité pour affronter nos questions liées à l'anticipation. Jullien perçoit dans la pensée chinoise un lien sagesse-stratégie tout à fait intéressant pour notre propos, lien appuyé sur une notion de *temps stratégique* qu'il propose à notre réflexion[109]. Le temps des processus, dit-il, tel qu'il est conçu en Chine, n'est pas vraiment un objet de connaissance ni un objectif d'action. Ce n'est pas non plus un temps dont on se contente de contempler la mesure d'un point de vue extérieur, ni un temps sur lequel on cherche à intervenir avec force. C'est « plutôt un déroulement avec lequel on cherche à être en continuelle adéquation, et dont on épouse chacun des stades : aussi bien en coïncidant, par scrutation, avec l'amorce des processus, qu'en se

---

[108] *Ibid*, p. 56.

[109] François Jullien, *Traité de l'efficacité*. Le paragraphe ci-dessous est repris des pages 94 à 96.

conformant, dans sa conduite, avec la logique de leur évolution ». Ce temps n'est pas régulier comme le temps de la science occidentale. Ce n'est pas non plus un temps totalement rebelle à l'action des hommes, c'est plutôt « un temps régulé : qui maintient l'équilibre à travers la transformation et reste cohérent tout en ne cessant d'innover ». Ce temps n'a rien à faire avec le temps occidental qui se partage entre théorie et pratique. « Ce temps qui se répète et sur lequel on peut compter, je crois qu'on ne pourrait l'appeler plus justement que : le temps stratégique ».

« C'est, en effet, parce que son déroulement est régulé que le stratège sait prévoir et peut attendre (prévoir le temps à venir et attendre qu'il s'améliore). Sage et stratège à la fois, c'est là un lieu commun sur lequel la pensée chinoise n'a cessé de revenir, qu'elle n'en finit pas d'élucider. » Cette relation consubstantielle entre sagesse et stratégie dans la pensée chinoise est hautement intéressante et mériterait à elle seule une réflexion plus approfondie. Je me contenterai ici de mentionner quelques remarques complémentaires, suggérées par la lecture de Jullien, principalement en regard avec la question de l'anticipation. Reprenons : le stratège chinois, grâce à sa capacité à dissoudre tous les points de focalisation auxquels conduisent spontanément idées et projets, élimine toutes les fixations particulières que la sclérose autorise habituellement à sédimenter, élimine de ce fait tout point de vue strictement individuel et le sage-stratège est ainsi…

> …en mesure d'épouser la cohérence d'ensemble du devenir et peut ainsi anticiper avec certitude les modifications à venir - comme s'il en éprouvait en lui-même, nous dit-on, le manque objectif. Parce qu'il sait que, perçu de ce point de vue global, le renouvellement auquel ne cesse d'être en proie le réel n'est jamais aberrant, il s'attend au rééquilibrage nécessaire, entre

ses tensions adverses, avant même que celui-ci n'ait débuté. Détecter serait peut-être le terme le plus approprié : en scrutant le plus précisément le présent, il y décèle déjà la présence de ce dont il est gros, mais qui n'est pas encore apparu.

Anticiper est donc affaire de détection. Il y aura dans cette façon de concevoir les choses de quoi frustrer le stratège occidental, qui se satisfera difficilement de rechercher la dissolution de son point de vue individuel, lui qui est souvent engagé spécifiquement pour identifier (ou créer, avec le concours de ses collègues publicitaires) de nouveaux besoins à destination de l'individu consumériste occidental. Pour nous européens qui n'avons cessé de faire appel aux dieux, aux hasards de la guerre, au génie individuel ou encore à la chance pour avancer dans l'histoire, nous découvrons avec la pensée chinoise une pratique de la stratégie qui interpelle. Pourrait-elle nous aider à négocier le virage requis par l'anthropocène ? Que peut-elle bien penser, d'ailleurs, de l'anthropocène ? Saurait-elle attaquer la question de l'anthropocène en disant, comme le dit l'ancien traité militaire chinois, que la victoire toujours « est faisable »[110] ? Pourrait-on s'inspirer de cette conception chinoise de la manipulation stratégique, dont il est dit qu'elle aboutit invariablement au succès, pour résoudre, ne serait-ce qu'en partie, les nombreux problèmes rencontrés par la civilisation occidentale au fond de ses impasses stratégiques contemporaines ?

Les deux pistes de réflexion qui s'amorcent alors sont les suivantes. D'abord la pensée chinoise traditionnelle peut représenter une nouvelle ressource en termes d'efficacité pour une pensée occidentale qui découvre (ou redécouvre, si l'on admet que les quelques siècles d'idéologie du progrès n'ont été qu'une étape transitoire

[110] *Ibid.*, p. 177.

en Occident) sans savoir comment y faire face, l'énormité de l'imprévisible. Car le stratège chinois qui part du potentiel de la situation serait peut-être en meilleure posture pour structurer son rapport à l'avenir que ne peut l'être le stratège occidental, qui s'épuise à faire rentrer dans ses modèles des innovations toujours plus rétives à l'anticipation. D'autre part Jullien nous aide à repérer un autre aspect intéressant de la pensée chinoise : il se pourrait bien que le stratège chinois sache faire preuve d'une meilleure résistance au stress vis-à-vis de l'avenir que son confrère occidental. Le rapport à l'invisible ou à l'inconnu en Chine ne suscite pas d'angoisse particulière. Nul besoin d'imaginer des catastrophes à grande échelle devant l'invisible, qui n'est jamais que du *non encore visible*. Le sage-stratège chinois dispose d'une large palette pour aider ce non visible à se manifester calmement :

> …entre l'invisible et le visible les stades du subtil et de l'infime permettent d'assurer la transition, et c'est sur eux que le sage-stratège s'appuie pour s'orienter. Aussi, tout en sachant qu'il ne dispose pas de règles ou de normes pour codifier le futur, puisque le cours de la réalité est en constante innovation, est-il libre d'angoisse à son égard - cela dit à l'encontre de notre dernière mode idéologique - celle de l' « incertitude », des « turbulences » et du « chaos »…[111]

Ce point d'appui sur la pensée chinoise offre d'abord un certain recul vis-à-vis des théories occidentales les plus marquantes, qu'il s'agisse de celle de Saint Augustin, Kant, Bergson, ou Heidegger. « Le concept de temps est ce par quoi se rouvre, et se reconfigure, à chaque grande philosophie, la possibilité même de la philosophie : ce qui fait qu'il est à ce point crucial en même temps que, d'une philosophie à l'autre, il ne se trouve pas tant enrichi, voire

[111] *Ibid.*, p. 230.

transformé, que radicalement réorienté - ou, plus exactement, *redisposé* ; et que ces embranchements successivement ouverts, plutôt que d'appeler à être poursuivis, ne peuvent être ensuite qu'inlassablement réempruntés »[112]. Il ne faut donc peut-être pas prendre excessivement au sérieux les conceptions occidentales de la temporalité. En creux, nous pouvons supposer que la crise occidentale de l'avenir n'est peut-être que l'attente d'une vision du monde capable d'en redynamiser le cours - à moins que l'Occident ne se mette, lui aussi, à apprendre à mieux observer le cours des choses au travers d'une nouvelle pensée des processus. S'il s'avérait impossible de reconstruire une notion d'avenir suffisamment prometteuse pour retrouver la force motrice qu'elle a pu avoir pendant quelques générations en Occident, la pensée chinoise représenterait vraisemblablement une source d'inspiration pertinente pour imaginer de nouveaux équilibres planétaires.

Equivalence des termes rationalité, anticipation, sagesse, stratégie

Nous venons encore de le sentir au contact de la pensée chinoise, il est probable qu'un grand nombre de nos problèmes occidentaux contemporains résultent d'un problème de *méthode* dans la conception de l'agir collectif. La rationalité occidentale, envisagée comme méthode d'appréhension du monde, pose problème dans la mesure où elle n'invite à aucune anticipation. La rationalité au sens occidental est un ensemble de règles qui

---

[112] François Jullien, *Du temps. Eléments d'une philosophie du vivre*, p. 99.

rythment la vie tout en lui conférant du sens. Mais, comme l'explique Michaël Fœssel, la méthode « favorise l'oubli du monde ». « Sur un plan scientifique aussi bien que pratique, une méthode est un savoir qui précède l'expérience et au moyen duquel l'esprit aborde le monde. Vivre de manière méthodique, c'est se soumettre à un corpus de règles sans tenir compte des aléas de l'expérience[113] ». Que le monde s'avère fini est un de ces aléas, non pris en compte dans la rationalité occidentale. En un sens, l'idée moderne de progrès est une invitation à ne pas se soucier de l'état du monde. Le monde n'est pas pris au sérieux dans son fondement ontologique, il n'est que la scène ou le décor toujours réparable de nos pièces les plus jouées : innovation, liberté, progrès, concurrence, marché. Dans *Condition de l'homme moderne*, Hannah Arendt disait que le travail et le marché nous éloignent du monde à mesure qu'ils organisent la vie humaine selon leurs principes abstraits et contraignants. Il est vrai qu'à l'inverse, la conviction d'appartenir à une histoire commune conditionne l'expérience d'être au monde ; mais c'est seulement *a posteriori*, sans capacité de rétroaction sur les orientations stratégiques engagées, sans aucune invitation à l'anticipation qui viendrait compenser la prime à la prise de risque que représente l'aspiration à l'innovation.

Les utopies d'un individu ou d'un peuple qui doit consommer toujours davantage pour accéder au bien-être, qui doit rechercher sans relâche l'innovation technoscientifique pour assouvir son besoin de nouveauté, qui peut exploiter et souiller son milieu de vie sans attention aux conséquences pour l'avenir, aucune de ces utopies motrices du néolibéralisme contemporain n'est en

---

[113] Michaël Fœssel, *Après la fin du monde. Critique de la raison apocalyptique*, Seuil, 2012, p. 106.

mesure d'assurer l'accession de l'humanité à l'horizon du prochain siècle. Ce qui domine notre temps, c'est la marchandisation de l'être. Marchandisation qui, après avoir porté durant quelques décennies l'espoir de création d'un paradis sur terre, accessible à tous, promet aujourd'hui accroissement des inégalités et catastrophes écologiques. Il s'agit d'imaginer une nouvelle utopie qui permettra de résister à ces tendances. Mais, pour que cette utopie soit à même de porter un projet de poursuite de l'aventure humaine qui soit concevable au début du XXIe siècle, il faudra qu'il y ait équivalence des termes entre rationalité, stratégie, anticipation et sagesse. Ces catégories auparavant distinctes de la pensée occidentale, parfois constituées en disciplines distinctes, souvent même opposées, doivent se fondre en une seule et même orientation philosophique et politique dans un projet de reprise en main de la destinée humaine. En d'autres termes il s'agit de faire converger philosophie et prospective.

Le type de rationalité aujourd'hui à l'œuvre en Occident est porteur de mort : notre rationalité scientifique est attirée par le néant. Nous le savions depuis la mise au point de l'industrie nucléaire, nous le voyons plus clairement à présent dans le domaine des OGM, de la géo ingénierie climatique, et dans plusieurs autres domaines où le libre jeu avec les molécules, les atomes, les gènes, les monnaies, l'infiniment petit et l'infiniment grand, dans des proportions industrielles, au moyen d'une logistique planétaire, nous rapprochant d'un accident ontologique systémique. Notre rationalité économique est également porteuse de mort : elle épuise la biosphère et accroit les inégalités dans des proportions littéralement explosives. Implosion, explosion ? En tout cas, effondrement assuré. Tant que cette rationalité-là sera à la manœuvre, nous irons vers la catastrophe. Mais pour que la sagesse s'impose, il faudrait « techniquement » que l'anticipation prenne la place de la prise de risque dans la motivation de la prise de décision stratégique. Perspective clairement utopique, mais pas nécessairement irréaliste. Il peut y avoir des « mutations de rationalité, dit Morin, là où, au-delà d'un certain seuil, l'irrationnel devient raisonnable ». La conscience écologique, dit-il, correspond à une mutation de ce type : « ce qui était régressif, conservateur, traditionaliste, le « retour à la nature », la critique de l'industrialisation, apparaît soudain comme une exigence de survie[114] ».

Il faut confronter la mondialisation à ses faiblesses, ses échecs, son manque d'efficacité. En fait la raison néolibérale est un *petit rationalisme* qui se contente d'optimiser les potentialités humaines dans le sens de l'efficacité technoscientifique, pour en tirer des produits et services marchands générateurs de puissance et de profit pour quelques-uns, et répondant accessoirement aux besoins des consommateurs du monde entier. Il faut la replonger, pour reprendre la belle expression de Merleau-Ponty, dans le cadre d'un *grand rationalisme*, qui englobera le destin du monde et de l'humanité. La rationalité néolibérale apparaîtra alors comme l'ébauche, fort brouillonne, d'une plus grande rationalité, celle qui englobait la vie du globe et d'autrui. Avec la rationalité néolibérale c'est, dit Jean-Claude Milner en d'autres termes, *l'universel facile* qui régente le monde. Sur fond de mondialisation technicoéconomique, un modèle universitaire indifférencié se déploie partout sur la planète. Il consiste à préparer le terrain aux principes de la destruction créatrice et de la main invisible du marché. « On est en droit de parler d'Université mondiale, au singulier et avec majuscule ; elle a ses dignitaires, ses diocèses, ses conciles, ses rites. Sa langue liturgique est

[114] Edgar Morin, *L'aventure de la méthode*, Seuil, 2015.

l'anglais. Il lui manque sans doute un Pape et un Vatican, bien que le jury du Nobel s'efforce d'en tenir lieu[115] ». A l'époque de la mondialisation, les conflits changent de nature, les identifications ami-ennemis se sont recomposées. « Le groupe qui se veut de plus en plus nombreux, il n'est autre que le groupe des acteurs du marché, enfin devenu effectivement mondial… Vendeurs, acheteurs, producteurs, consommateurs forment une « foule naturelle ». Elle est désormais coextensive à l'humanité entière. Elle se voue à un accroissement constant… L'Université aujourd'hui forme des doctes pour aider à multiplier les acteurs du marché. L'ignorance illimitée est mauvaise pour l'échange et la production de biens ; mieux vaut la limiter. Un savoir peut et doit être converti en multiplicateur des besoins et des profits ; s'il se prête mal à un tel avenir, il doit être aboli ; le savoir et le profit doivent parler la même langue[116]… » Cette Université a donc bien trouvé son dieu, c'est le marché. Mais cela ne doit pas se savoir aussi directement. A la différence de l'Evangile du Crucifié, dit Milner, l'évangile marchand ne saurait être annoncé à haute voix, il en perdrait vraisemblablement une bonne partie de sa capacité d'entrainement. « Qu'importe aussi que le mot talisman s'entende en des sens opposés, entre limite et hors limite. Les Grecs le dématérialisaient par la *polis* ou le *cosmos* ; les latins par la République ou par l'Empire ; les chrétiens, par la communauté des croyants en Christ ; les modernes, par l'univers infini, le marché mondial et l'universalité de la forme marchande[117] ». Les bons acteurs du marché sont des accélérateurs d'échanges. Le vrai progrès au sens marchand est celui-là. La définition

---

[115] Jean-Claude Milner, *L'universel en éclat, court traité politique 3,* Verdier, 2014, p. 88.
[116] *Ibid.*, p. 104-105.
[117] *Ibid.*, p. 116.

centrale du marché est de concourir au « plus de ». C'est, dit Milner, le chemin de *l'universel facile*. Cette Université mondiale dématérialise l'universel facile, elle le rend accessible au plus grand nombre. « Comparés à elle, L'ONU, les ONG, la presse internationale, l'humanitaire ont la consistance d'une ombre[118]. »

Cette rationalité-là n'est donc qu'une composante, mineure, de la pensée. Une composante importante, mais non suffisante pour gérer les affaires du monde. Un prodigieux outil pour travailler le monde, pour aider l'humanité à y trouver sa place et faire du monde un refuge agréable à vivre, mais un outil potentiellement aveugle, qui peut mutiler le monde s'il est mal employé, un outil potentiellement dangereux, qui ne mesure pas la portée de ses coups en raison de sa surpuissance. Il y a quelque chose de nihiliste et de suicidaire dans une rationalité à laquelle on laisserait libre cours, en tout cas dans une civilisation comme la nôtre, qui a fait de l'innovation technologique et de la croissance économique ses axes de progrès. Il y a un sol sur laquelle la rationalité repose et qu'elle n'appréhende pas ; il y a un temps dans lequel se répercute son action qu'elle n'appréhende pas davantage. Il faut trouver le moyen de faire dépendre l'utilisation de cette rationalité d'une sagesse qui saurait l'encadrer valablement, faire en sorte que la rationalité ne soit pas d'abord manipulatrice, d'abord prédatrice. Nous retrouvons là une série de questionnements de la philosophie la plus classique, et une tâche essentielle, au début du XXIe siècle, consiste à reconsidérer ces questionnements dans le contexte de la mondialisation, de l'anthropocène, de la numérisation. Il faut, au XXIe siècle, qu'une rationalité écologique et anthropologique d'une force nouvelle se fonde avec les attendus de la rationalité

[118] *Ibid.*, p. 106.

technoscientifique et économique actuelle. Mais la rationalité doit rester une composante essentielle de la pensée car, utilisée à bon escient, elle représente le meilleur moyen de dialoguer avec l'ensemble des peuples composant le monde.

Il faut s'ouvrir à l'idée qu'à l'ère de l'anthropocène, rationalité, sagesse, anticipation et stratégie doivent devenir des principes actifs de poids équivalent dans la conduite des affaires du monde. C'est à cette seule condition que l'ensemble de la planète pourra trouver un principe global d'action collective susceptible de s'extraire du *délai* que représente l'anthropocène. La rationalité occidentale doit s'ouvrir sur ses en-deçà et ses au-delà afin de retrouver une voie d'émancipation qui n'aboutisse pas à un néant, et pour cela elle doit apprendre à régler son agir, dans sa puissance et sa portée. Elle doit à partir de maintenant consacrer à l'anticipation la même énergie qu'elle a consacré, pendant les deux derniers siècles, à l'innovation et à la prise de risque. Elle doit changer de paradigme : là où elle s'est évertuée à dissimuler ou à négliger les attendus écologiques et anthropologiques de ses stratégies, elle doit apprendre à les poser sur le devant de la scène.

La civilisation occidentale, celle qui a le plus fortement cherché à réfléchir sur son sort pour en modifier le contenu, celle qui a poussé le plus loin la tentative de prendre en main sa destinée jusqu'à prétendre devenir maître de son environnement, cette civilisation n'a plus d'autre choix que d'aller au bout de cette logique, mais en reconnaissant à présent les responsabilités qui incombent à ses immenses pouvoirs ; elle doit prendre en charge les risques et opportunités qu'elle engendre, pour le meilleur et pour le pire, et entrer dans une phase de transformation de ses prérogatives.

Kant s'était trompé. Avec du recul on s'aperçoit qu'à la fin du XVIIIe siècle il n'a jamais été question d'atteindre la majorité[119]. Nous étions encore mineurs ; pétulants et ambitieux, certes ; sûrement pleins de bonne volonté politique, mais nous étions encore totalement mineurs, nous n'avions ni le recul ni la sagesse de l'âge adulte, nous n'avons pas cherché à comprendre les implications des expérimentations que nous avons lancées tous azimuts. A la fin du XVIIIe siècle nous avions déjà suffisamment de vivacité et de puissance pour accélérer en toute chose, nous maîtrisions suffisamment l'expérimentation pour élargir le champ de l'expérience humaine, nous étions en train de nous découvrir la force de déplacer des montagnes. Mais nous ne savions pas nous orienter, nous diriger. Nous ne savions pas conduire la civilisation, et nous ne savons toujours pas la conduire aujourd'hui. Nous titubons depuis deux siècles - sans réelle menace sauf celle de ne pas savoir où nous allions jusqu'au milieu du XXe siècle - avec la menace d'un basculement radical depuis l'expérience du nucléaire en 1945, menace confirmée et amplifiée par la découverte de l'anthropocène au début du XXIe siècle. Nous nous sommes engagés sur des voies inconnues, à vive allure, et nous ne savons toujours pas prendre un virage concerté ni freiner quand le besoin s'en fait sentir. Encore mineurs au XXIe siècle, nous n'avons toujours pas acquis la sagesse nécessaire à la reprise en main de l'orientation et de la vitesse de la civilisation. Aujourd'hui nous sommes plus âgés, encore plus nombreux et puissants, mais toujours pas sages dans le sens où nous ne savons toujours pas adapter notre

---

[119] En référence au célèbre texte de Kant : *Qu'est-ce que les Lumières ?*

direction et notre vitesse à la puissance de nos moteurs. C'est cette sagesse qu'il s'agit à présent d'acquérir dans l'urgence. Il nous faut imaginer un processus qui aide la civilisation occidentale à conquérir sa majorité. Il s'agit d'ouvrir les yeux le plus largement possible pour identifier les sujets qu'une civilisation qui entre dans l'âge adulte doit prendre en charge.

Rationalité et temporalité : profiter autrement du passage du temps

On a *privatisé* le futur dans des proportions telles que non seulement les industriels s'en estiment les propriétaires exclusifs, les politiques s'exonèrent de devoir de s'en préoccuper, mais les intellectuels et les citoyens ont aussi perdu l'ambition de le reprendre en main. C'est pourquoi l'urgence n'est pas d'accélérer, - ni les innovations technoscientifiques ni les développements économiques, l'urgence est plutôt de récupérer ce futur qui s'échappe toujours davantage en parallèle de nos logiques technicoéconomiques qui ne configurent pas vraiment le monde dont nous avons besoin à long terme. Un des défis à l'ère de la mondialisation, c'est de restructurer notre conception du temps : il est nécessaire d'établir une médiation nouvelle entre l'héritage du passé, les priorités du présent et les enjeux de l'avenir. Il faut entre autres nous libérer de la tyrannie du court terme. Les campagnes électorales visent la reconnaissance de ceux qui votent ici et maintenant, non de ceux qui subiront les conséquences des programmes qui sont présentés lors des campagnes. Et il n'existe aucun avocat du futur, aucun lobby chargé d'articuler les intérêts des absents ni des êtres à venir. D'où la véritable myopie temporelle des démocraties occidentales, prises et accaparées dans les logiques du présent, du court terme et de l'urgence. Le présent est devenu quelque chose de crucial, le futur est devenu un problème : sont-ce là des causes ou des conséquences de la crise de l'idée de progrès ? En tout cas, c'est bien dans le futur, futur proche et futur lointain, que se jouent, à l'ère de l'anthropocène, les questions les plus importantes ; il est donc crucial de retrouver le moyen de donner au futur sa juste proportion dans le tout de l'expérience humaine.

Mais peut-on changer notre futur ? La mondialisation et l'anthropocène nous invitent à reposer cette question lancinante. Ils ont engagé un processus de contraction de l'avenir, et cela pose problème. Notre conception de la temporalité est celle d'une « flèche du temps » qui nous oriente du passé vers le futur avec une évidence telle que la catastrophe nous apparaît à présent comme la perspective la plus rationnelle. Peut-on modifier le cours de cette flèche ? À quoi reconnaît-on que l'on va de l'avant ? On progresse parce que l'on pense gagner en éclaircissement dans la distinction des multiples événements, objets, fantasmes qui peuplent l'expérience quotidienne. Bruno Latour explique comment cette flèche du temps découle selon lui d'un mode spécifique de relation entre science et société.

> Dans le passé, nos ancêtres confondaient les faits avec les valeurs, l'essence des choses avec les représentations qu'ils en avaient, la dure réalité objective avec les fantasmes qu'ils projetaient sur elle, les qualités premières et secondes. Demain, les modernes en sont sûrs, la distinction sera plus vive, on saura plus clairement arracher les faits établis à leur gangue de désirs et de fantaisies humaines. Pour les modernes, sans l'espoir d'une Science enfin extirpée du monde social, pas de mouvement repérable, pas de progrès, pas de flèche du temps, et donc pas d'espoir de salut… Si la Science ne peut plus sortir

> de l'enfer du social, alors il n'y a plus d'émancipation possible - la liberté n'a plus de futur que la raison… C'est à toute cette machinerie temporelle, cette fabrique du temps, cette horloge, cette pointeuse, que l'écologie politique doit s'attaquer en toute connaissance de cause. Elle doit modifier le mécanisme qui génère la différence entre le passé et l'avenir, suspendre le tic-tac qui rythmait la temporalité des modernes [120].

Nous allions résolument à la découverte du monde en traquant dans le présent les qualités premières, et en reléguant les qualités secondes dans le passé, dans le futur, ou encore dans l'intériorité insignifiante des existences humaines. C'est ainsi que nous allions de l'avant, jusqu'à apercevoir soudainement le mur de l'anthropocène. Mais comment pourrait-on aller ailleurs que vers l'avant ? Alors que les modernes allaient toujours du confus au clair, explique Latour, du compliqué au simplifié, de l'irrationnel au rationnel en suivant le chemin du Progrès, il est possible que nous ayons changé de futur en même temps que nous avons modifié le monde extérieur. Après l'entrée dans la mondialisation et dans l'anthropocène, nous ne pouvons clairement plus attendre du futur qu'il nous détache davantage encore de nos liens initiaux au monde pour nous construire des personnalités isolées, monades encore plus individualisées et autonomisées dans un monde de plus en plus extérieur et distant de ces monades humaines. Le futur change donc s'il doit inverser sa trajectoire et *retourner* son travail pour reconfigurer notre survie dans un monde fragilisé. L'idée de cette nouvelle destinée peut aller jusqu'à réorienter la notion de *progression*. Latour poursuit sa réflexion :

> Nous n'attendons plus du futur qu'il nous émancipe de tous nos attachements, mais qu'il nous attache, au contraire, par des nœuds plus serrés à des foules plus nombreuses *d'aliens*

[120] Bruno Latour, *Politiques de la nature, Comment faire entrer les sciences en démocratie*, p 250-251.

> devenus membres à part entière du collectif en voie de formation... Demain le collectif sera plus intriqué qu'hier. Il faudra, en effet, nous mêler encore plus intimement à l'existence d'une multitude encore plus grande d'êtres humains et non humains dont les demandes seront encore plus incommensurables que celles du passé, et il nous faudra pourtant devenir capables d'habiter dans une demeure commune [121].

L'anthropocène met fin à l'utopie du Progrès en offrant au contemporain une image radicalement nouvelle de son destin. La rationalité au sens classique devient obsolète, trompeuse, elle conduit ouvertement à des impasses stratégiques qui pourraient condamner l'avenir de l'humanité. L'anthropocène engendre toutes sortes de points de vue nouveaux sur le passé et l'avenir. Il n'annule pas l'histoire du Progrès, il l'englobe, met en exergue ses impasses stratégiques : il ne s'agit pas d'oublier les fruits du progrès, ni de retourner à une époque qui le précédait. Il s'agit d'en saisir les intérêts et les dangers selon une nouvelle échelle de valeurs et de nouveaux horizons temporels. Après tout, le coup fatal n'a pas été porté, malgré le fardeau écologique, déjà lourd, qui le fait tituber dès aujourd'hui, et il reste certainement possible de l'éviter. Cela reste théoriquement possible, mais cela reste-t-il possible également en pratique ?

Il existe donc une seconde flèche du temps, dit Latour, qui pourrait nous permettre de « profiter autrement du passage du temps » et pourrait modifier profondément la donne en matière d'irréversibilité : il se pourrait que ce qui est à venir soit plus irréversible que ce qui est passé.

> Dans notre carquois, nous n'avons pas une seule flèche du temps, mais deux : la première, moderniste, qui va vers le détachement ; la seconde, non moderne, vers le rattachement.

---

[121] *Ibid.*, p. 254.

> La première nous prive peu à peu de tout ingrédient pour construire notre collectif puisque les essences fondées en nature sont de plus en plus indiscutables et les identités fondées sur l'arbitraire de moins en moins discutables. La seconde flèche du temps, à l'inverse, multiplie peu à peu les transcendances auxquelles le collectif peut faire appel pour reprendre au coup d'après ce qu'il voulait dire en réarticulant les propositions, en leur offrant d'autres habitudes[122].

Les fondements de notre existence ne sont pas derrière nous, mais devant nous. La Terre n'est pas notre mère, mais plutôt notre arrière-petite-fille. L'ancienne forme d'avenir n'a plus d'avenir. La liberté, sur longue durée, ne consiste pas à nous trouver de plus en plus libérés de nos attachements terrestres, mais au contraire à nous attacher à un nombre de plus en plus important d'êtres. Nous sommes dans l'obligation de construire avec tous les autres un seul monde commun, sur longue durée.

L'anthropocène rend caduc notre horizon intellectuel traditionnel et impose une reconsidération de ce que l'on nomme *avenir*. Nous sommes plongés dans les courtes perspectives rationalistes, scientistes, qui nous conduisent à considérer le « sujet », ou l' « objet », ou la « chose », enfin la « nature », comme des entités distinctes, isolées, qui existeraient indépendamment l'une de l'autre. C'est une illusion. Une illusion difficile à dissiper en l'absence d'une solide perspective de long terme, mais une illusion tout de même. Pour autant il reste éminemment difficile de tirer des enseignements positifs de l'anthropocène : nul ne sait ce que peut ou ne peut pas un milieu de vie, nul ne sait où aboutirait un humain qui persévérerait dans une quête pour s'extraire de son milieu. Myriam Revault d'Allones s'interroge également, en élargissant le champ de ces questions.

---

[122] *Ibid.*, p. 258.

> Certes, le temps où nous vivons nous confronte à de nouveaux modes de dissolution de la certitude : les effets paradoxaux de la mondialisation, les développements insaisissables du capitalisme financier, l'insécurité sociale croissante, l'épuisement des modalités traditionnelles de l'action politique, la sémantique de la flexibilité qui s'étend bien au-delà de la sphère des conditions de travail... Envisagées sous l'angle des « hétérochronies » et de la désynchronisation, la confusion et la perte de repères touchent maintenant la durée vivante des sociétés occidentales[123].

Ces questions affectent la quasi-totalité de l'expérience contemporaine et renvoient à des mutations fondamentales. Mais sur quelles bases pourrons-nous reconstruire une approche positive du futur si la totalité de nos certitudes se trouvent fragilisées ? Les processus puissants de la technico économie façonnent le devenir, mais le destin semble échapper à l'homme d'une façon tout à fait nouvelle. Le monde contemporain se retrouve subitement comme exproprié de ses devenirs. Nous produisons de plus en plus le temps, et donc le futur. L'idée s'impose que l'homme n'a pas à attendre ou subir l'avenir qui au contraire lui appartient, au moins en partie. Il s'agit de comprendre comment il doit l'imaginer, l'interpréter, l'accepter ou le refuser, le réorienter parfois, et c'est bien cette nouvelle approche qu'il s'agit de consolider. Mais là où le futur aujourd'hui se conçoit spontanément en lien avec les développements technoscientifiques et industriels, il s'agit d'introduire un dispositif qui ré-encastre les profils de futurs envisageables au sein d'un avenir mieux réfléchi, un avenir dont on aura mieux évalué les incidences pour l'humanité. Les habitants de l'ile de Pâques avaient tout pour subsister, il leur a seulement manqué le sens de l'anticipation. Obnubilés temporairement par leurs luttes

---

123 Myriam Revault d'Allonnes, *La crise sans fin, essai sur l'expérience moderne du temps*, p. 151.

claniques, comme nous le sommes peut-être aujourd'hui par la recherche de la croissance économique, ils ont perdu tout repère dans leur orientation vers le futur. À ce stade il n'y a rien, rien du tout, qui sépare notre attitude de celle des habitants de l'Ile de Pâques qui, voyant se réduire leurs ressources forestières, ont pourtant continué à arracher les derniers arbres qui représentaient leur unique moyen de subsistance pour en faire des monuments à l'effigie de leurs idoles du moment.

Garantir l'accès au temps pour tous

Le présent conditionne le futur, et l'inverse est parfois vrai. L'acte prospectif de l'inventeur en témoigne : ce qu'il veut modifie ce qu'il est en train de faire. Il y a relation entre le présent et le futur, à tel point qu'il paraît vain de les penser indépendamment l'un de l'autre. Nous devons donc nous concentrer sur leur relation. Prospections, démarches novatrices, anticipations, utopies témoignent d'un impact de ce qui n'est pas encore sur ce qui est et qui va devenir. Il y a donc une forme de puissance agissante dans ces formes de futur, comme si la réalité puisait dans ce que l'homme souhaite voir advenir pour y trouver la formule qui va cristalliser tel ou tel événement au présent. Comme si le futur offrait à la pensée des mirages d'avenir. En suivant les reflets de ces mirages, on peut nourrir l'espoir de tomber sur la réalité espérée, recherchée. Car c'est bien là que réside notre question essentielle. Il s'agit de donner au futur le poids de réalité (qu'il n'a pas) qui convient pour l'avenir. Il s'agit, dit Dupuy, de « nous projeter dans l'avenir et de voir notre présent avec l'exigence d'un regard que nous aurons nous-mêmes engendré… Il se peut que l'avenir n'ait pas besoin de nous, mais nous, nous avons besoin de l'avenir, car c'est lui qui donne sens à tout ce que nous faisons [124]». La question est alors de comprendre comment le souci de l'avenir peut rester actif sans la croyance au progrès.

On ne mesure pas à quel point les principales discriminations à l'époque contemporaine proviennent d'une inégalité d'accès au temps. La temporalité n'est pas une donnée équitablement partagée, et il y a actuellement accroissement de l'inégalité de l'accès au temps. Aujourd'hui il s'agit plus souvent de contrôler les ressources des autres que de conquérir les pays détenteurs de ces ressources. Le contrôle du temps a pris la place de la maîtrise de l'espace. Comme dit Innerarity, « la *chronopolitique* est devenue plus importante que la géostratégie ». Les stratégies de *Google* et des *Gafa* sont des stratégies de conquête du temps et de l'imaginaire, elles n'ont que faire de conquérir des espaces, sauf éventuellement des espaces publicitaires.

Comment en est-on arrivés là ? Aux origines de la civilisation occidentale les sociétés traditionnelles étaient essentiellement structurées autour des temporalités de la nature et de la religion. Mais les principales avancées de la civilisation, comme l'imprimerie, l'économie, la technique, l'industrie, les communications, ou encore le mariage, le travail, la retraite, toutes ces innovations techniques ou sociales fonctionnent comme de nouveaux générateurs de temps, ou des générateurs de temps nouveaux : ils impriment au devenir humain de nouveaux rythmes et supposent un éclatement de la cyclicité initiale articulée autour des seuls rythmes naturels et religieux. Il en ressort une articulation désynchronisée de toutes ces temporalités nouvelles autour du pouvoir des machines, de

---

[124] Jean-Pierre Dupuy, *La marque du sacré*, p. 83.

la consommation, des réseaux sociaux, du politique ; donc une maîtrise du temps accessible aux individus et aux collectifs au gré de leurs rapports de force, non seulement vis-à-vis du naturel et du divin, mais aussi vis-à-vis des dispositifs techniques, économiques, politiques. Les véritables discriminations actuellement, par exemple entre sexes, entre peuples, entre classes sociales, s'expriment peut-être davantage en termes de domination par le temps que de possession d'un espace. Les vrais étrangers au XXIe siècle ne sont pas ceux qui vivent loin, ce sont ceux qui vivent dans un autre temps. Les mécanismes d'exclusion ne s'établissent plus sur la base d'expropriations physiques mais plutôt sur la base de la confiscation du temps d'autrui. Il en va ainsi à titre individuel et collectif. Le temps est la véritable sphère des risques et opportunités sociales. « Un exclu est quelqu'un à qui l'on ne permet pas d'ajuster son temps à un temps public dans lequel circulent les opportunités vitales, comme le pouvoir, l'emploi ou la reconnaissance. Le marginal n'est pas à la périphérie spatiale, mais il vit littéralement dans un autre temps[125] ». Il en est de même pour les stratégies gouvernementales ou économiques en régime libéral. Le nouvel axe des conflits sociaux réside dans la tentative d'imposition de temps spécifiques. Ces stratégies visent, de façon plus ou moins consciente, à prendre le temps des autres. De là vient certainement l'impression de piétinement nerveux, de stress en surplace, de présentéisme sans perspective qui caractérise les sociétés occidentales contemporaines.

---

[125] Dominic Desroches, *Penser le temps politique - Entretiens philosophiques à contretemps avec Innerarity*, p. 24.

L'accès au temps, la perception de la temporalité disponible, la capacité de projection dans la longue durée sont étroitement dépendantes de l'espérance de vie, du pouvoir d'achat, de l'accès aux informations. Un trait marquant de notre contemporanéité est la conjonction de cette désynchronisation et de l'absence d'horizon global, de sens unificateur. Daniel Innerarity est très sensible à cette désynchronisation qui nous place selon lui sous le nouveau régime des « hétéronomies ». Il avance l'idée de « faire de la catégorie du futur une catégorie réflexive », c'est-à-dire une catégorie au travers de laquelle la civilisation occidentale pourrait acquérir le réflexe de penser les opportunités et menaces que recèlent nos actions présentes. Il s'agit là d'un lourd chantier qui le conduit dans la direction d'une *chronopolitique* visant à redonner au futur un nouveau poids politique.

Cette inégalité d'accès au temps s'illustre encore d'une autre manière. On peut dire qu'un colonialisme d'un genre nouveau consiste dans les sociétés postmodernes à exproprier les autres de leur propre temps : tout comme l'ancien colonialisme visait à occuper l'espace d'autrui, dans un registre où l'occupation physique des lieux était perçue comme primordiale, un nouveau type de colonialisme vise à s'approprier le temps d'autrui, qu'il s'agisse du temps de nos contemporains ou de celui des générations à venir. La question de l'endettement public et la négligence des sociétés industrielles vis-à-vis des questions environnementales sont des questions aussi cruciales que la question de l'occupation des territoires autrefois colonisés. Le néologisme de *dumping temporel* proposé au cours de cet essai veut caractériser cette option stratégique qui consiste à tenter d'empiéter sur le futur des autres.

Il faut reprendre le monde en main si nous ne voulons pas payer le prix, énorme, de son évolution spontanée vers l'anthropocène, les inégalités, l'insécurité. Ce monde ne peut plus être dirigé par des États, qui n'en ont plus les pouvoirs ni la capacité, ni par les TGE, qui ont certes acquis une très grande puissance mais n'ont aucune vocation à faire fonctionner le monde dans la perspective d'assurer l'harmonie au présent et de préserver l'avenir de l'humanité à long terme. La seule voie praticable nous oriente vers une recherche de *coopération éclairée* : viser davantage de visibilité, de clarté, d'anticipation, de possibilité d'échanger les points de vue afin d'obtenir davantage d'efficacité dans les choix effectués, davantage de responsabilité dans la sage application des décisions prises et dans le respect des engagements, davantage de maîtrise du destin collectif de la civilisation. La prise en compte des réalités technoscientifiques, économiques, écologiques et anthropologiques du monde contemporain invite à viser cette politique de coopération éclairée.

Conclusion

Les limites et les dangers de l'idée de progrès imposent de réinterroger le statut de l'utopie. Serions-nous entrés dans un temps propice à la formulation de nouvelles utopies ? Devons-nous solliciter notre imagination devant le blocage du futur ? Non plus pour prolonger l'utopie prométhéenne, mais pour imaginer une société meilleure sans laquelle nous perdrons tout fil conducteur, sans laquelle nous resterons esclaves des sollicitations en aveugle des technosciences et des arbitrages du marché ? Comment résister collectivement à ces sollicitations sans une idée partagée d'un certain *progrès* dans l'organisation de la société ? Y a-t-il encore démocratie sans organisation collective en direction d'un changement possible et souhaitable ? Comment retrouver le goût pour des futurs alternatifs sans utopie mobilisatrice ?

Peut-on distinguer une utopie raisonnable de celles qui le seraient moins ? Une utopie raisonnable, ne serait-ce pas tout simplement l'idée que la société peut être modifiée par le discours ? L'idée que le déterminisme de la technoscience et du marché ne sont pas inévitables ? Il est certes difficile pour une idée quelconque de se sentir en position de force par rapport à un message publicitaire, par rapport à un nouvel horizon de consommation à portée de la main. Tout discours alternatif souffre jusqu'à présent d'un défaut d'attractivité, et finalement d'un défaut de réalisme par rapport au déterminisme techno libéral. Mais ne voit-on pas venir un début de changement ? Une grande quantité de matériaux nouveaux sont à notre disposition et attendent peut-être la formule qui permettra de les cristalliser dans un nouveau projet de société. Le principe de précaution, le développement durable, la responsabilité sociale des entreprises, commencent à compter dans la vie des principaux acteurs de la mondialisation. L'idée d'un destin commun de l'humanité, la question des biens communs, le cosmopolitisme et surtout de nombreuses initiatives citoyennes témoignent de la génération spontanée d'alternatives hors des sentiers de la mondialisation.

Au sortir de cet inventaire des nouveaux matériaux à disposition de la civilisation contemporaine pour la reconfiguration de futurs mieux sécurisés sur le long terme, voici donc une surprise de taille : ce ne sont pas les matériaux qui manquent pour envisager une réorientation de la pensée vers de nouvelles priorités. Ils sont nombreux, consistants et semblent en phase d'expansion à l'échelle de la mondialisation. Et, chose remarquable, ils semblent naître et renaître régulièrement aux interstices des logiques technolibérales qui tentent régulièrement de les étouffer ou de les dissoudre. La question est donc d'imaginer ce qui pourrait faire cristalliser ces matériaux dans un nouveau projet de civilisation, comme l'idée de progrès avait réussi à faire cristalliser l'innovation scientifique, le libéralisme économique et les droits de l'Homme dans l'idéal d'un progrès global tel que l'avaient imaginé les *Lumières*. Il existe au début du XXIe siècle certainement autant d'idées neuves qu'à la fin du XVIIIe siècle pour reconstruire un nouveau projet de civilisation. Et à coup sûr autant de bonnes raisons de ne pas se satisfaire du partage actuel des ressources accessibles et des rapports de forces en présence. La question se déplace alors : l'ensemble de ces matériaux alternatifs peut-il se cristalliser en un ensemble normatif, et, si oui, cet ensemble a-t-il quelques chances de représenter un réel intérêt en matière de sauvegarde des intérêts de l'humanité à l'horizon BH22 ?

C'est le bon moment en tout cas, pour pousser ce raisonnement : il y a dans le monde une telle aspiration au développement d'une véritable responsabilité mondiale que cette question pourrait acquérir à terme une puissance équivalente à la puissance autrefois attribuée aux savoirs scientifiques. A force de dénégation et d'externalisation des dangers liés à nos stratégies, nous assistons à la montée d'un nouveau besoin de prise en charge de problématiques mondiales et, conjointement, à la fragilisation des certitudes issues de savoirs prétendument indubitables. Les dangers inhérents à la civilisation occidentale ne sont pas des objets au sens naturaliste ; ils sont des constructions sociales qui appellent une visibilité, un diagnostic et une prise de responsabilité globale à l'égard des profils de futur qu'ils dessinent ; ils appellent une politique de configuration du futur d'un genre nouveau, qui doit tirer sa légitimité d'autres instances que celles des gouvernements au sein des démocraties libérales et des conseils d'administration dans les grands groupes. Il devient aujourd'hui tout à fait insupportable de ne pas savoir qui est responsable pour les dangers nucléaires, génétiques, climatiques, numériques qui nous cernent ; de ne pas être en mesure de comprendre comment reprendre la main sur ce type d'enjeux. En attendant, chacun a bien compris à présent que nous n'avons plus grand chose à attendre d'un surcroît d'ingénierie nucléaire, génétique, climatique ou numérique pour sécuriser l'avenir à l'horizon BH22.

C'est autour de ces questions qu'est organisée la suite de la recherche des *Clés d'accès au XXIIe siècle*. Le troisième volume, *L'anticipation comme sagesse, la sagesse comme anticipation*, est consacré à la reprise en main politique de la construction du futur. Il cherche la formule qui permettrait de faire cristalliser tous ces germes de nouveaux futurs autour de quatre leviers bien spécifiques : un *volontarisme politique* rompant avec la culture de l'évitement qui caractérise la façon dont les démocraties libérales envisagent actuellement la longue durée ; un *principe prospectif* qui jette les bases d'une nouvelle méthode d'anticipation ; un principe de *responsabilité prospective*, déclinaison opérationnelle d'une nouvelle éthique du futur, qui encadrera juridiquement et moralement les actions des plus grands acteurs de la mondialisation ; et un principe *d'innovation sociale* qui devra devenir le principe régulateur de nos orientations stratégiques, en lieu et place de l'innovation technologique et de la croissance économique.

Bibliographie

Anders, Günther, *L'obsolescence de l'homme. Sur l'âme à l'époque de la deuxième révolution industrielle*, Tome 1. [1956], Ed. Encyclopédie des nuisances et Ivrea, 2002.

Anders, Günther, *L'obsolescence de l'homme. Sur la destruction de la vie à l'époque de la troisième révolution industrielle*, Tome II. [1955-1979] Editions Fario, 2011.

Anders, Günther, *Le temps de la fin*, Herne, 2007.

Anders, Günther, *La violence : oui ou non, une discussion nécessaire*, [1987], Editions Fario, 2014.

Appadurai, Arjun, *Condition de l'homme global*, Paris, Editions Payot & Rivages, 2013.

Appadurai, Arjun, *Après le colonialisme, les conséquences culturelles de la globalisation*, [1996], Paris, Payot, 2005.

Arendt Hannah, *Condition de l'homme moderne,* [1958], trad. G. Fradier, Paris, Calmann-Lévy, 2nde éd., 1983.

Arendt Hannah, *La crise de la culture. Huit exercices de pensée politique, [*1961], Paris, Gallimard, 1972.

Beck, Ulrich, *La Société du risque. Sur la voie d'une autre modernité,* [1986], Paris, Aubier, 2001.

Beck, Ulrich, *Pouvoir et contrepouvoir à l'heure de la mondialisation*, [2002], Champs-Flammarion, 2003.

Beck, Ulrich, *Qu'est-ce que le cosmopolitisme* ? Aubier-Flammarion, 2006.

Berque, Augustin, Ecoumène. *Introduction à l'étude des milieux humains* [1985], Editions Belin, 2015.

Bertho, Alain, *Les enfants du chaos. Essai sur le temps des martyrs*, La Découverte, 2016.

Besnier, Jean-Michel, Alexandre, Laurent, *Les robots font-ils l'amour ? Le transhumanisme en 12 questions*. Dunod, 2016.

Besnier, Jean-Michel, *L'humanisme déchiré,* Descartes & Cie, 1993.

Besnier, Jean Michel, *Demain les post humains, le futur a-t-il encore besoin de nous ?,* Fayard, 2010.

Besnier, Jean-Michel et Bourg, Dominique, *Peut-on encore croire au progrès* ?, PUF, 2000.

Besnier, Jean-Michel, *L'homme simplifié, le syndrome de la touche étoile*, Fayard, 2012.

Besset, Jean-Paul, *Comment ne plus être progressiste... sans devenir réactionnaire,* 2005, Paris, Fayard, 2007.

Bihouix, Philippe, *L'âge des low tech*, Seuil anthropocène, 2014.

Birnbaum, Jean, (sous la direction de), *Où est passé le temps*, Folio, Essais, 2012.

Bonneuil, Christophe, et Fressoz, Jean-Baptiste, *L'évènement anthropocène*, Paris, Seuil, 2013.

Bonneuil, Christophe, *Une autre histoire des « Trente Glorieuses »*, La découverte, 2013.

Bourg Dominique, *Pour une 6è République écologique*, Paris, Odile Jacob, 2011.

Bourg, Dominique et Witheside, Kerry, *Vers une démocratie écologique. Le citoyen, le savant et le politique*, Seuil, 2010.

Bourg, Dominique et Schlegel, Jean-Louis, *Parer aux risques de demain : le principe de précaution*, Seuil, 2010

Bouton, Christophe, *Faire l'histoire - de la révolution française au printemps arabe*, Paris, Les éditions du cerf, 2013.

Bosselet, Sylvain, *Qu'est-ce que l'Occident ? Enquête au cœur du progrès,* 2015. (3.8)

Brague, Rémi, *Où va l'histoire ? Entretiens avec Giulio Brotti*, Editions Salvator, 2016.

Brague, Rémi, *Modérément moderne*, Flammarion, 2014.

Brundtland (Rapport), *Notre avenir à tous*, Memphis USA, Classics series, 2011.

Caye, Pierre, *Critique de la destruction créatrice*, Les Belles Lettres, 2015.

Chabot, Pascal, *L'âge des transitions*, Paris, PUF, 2015.

Castoriadis, Cornelius, *développement et rationalité*, in Esprit, mai 1976 (3.3)

Cervera-Marzal, Manuel, *Pour un suicide des intellectuels*, Textuel, 2015.

Chabot, Pascal, *Global burn-out*, PUF, 2012.

Chakrabarty, Dipesh, *Provincialiser l'Europe. La pensée postcoloniale et la différence historique*, [2000], Ed. Amsterdam, 2009.

Chakrabarty, Dipesh, « Penser et agir en tant qu'espèce », in *La Revue des livres*, N° 008, Nov. Déc. 2012.

Chomsky, Noam, *Futurs proches. Liberté, indépendance et impérialisme au XXIe siècle*, Lux éditeurs, 2011.

Chomsky, Noam, *La Fabrication du consentement*, avec Edward Herman, Agone, 2008

Collectif, *Entretiens sur la fin des temps*, (entre JC. Carrère, J. Delumeau, U. Eco, S. Jay Gould), Fayard, 1998.

Collectif, (B Latour Dir), *De l'univers clos au monde infini*, Editions Dehors, 2014.

Collectif, *Du risque à la menace, penser la catastrophe*, (Dir D Bourg), PUF, 2013.

Collectif, Edgar Morin, *Aux risques d'une pensée libre*, CNRS Editions, 2011.

Collectif, Pestre, Dominique dir, Le *gouvernement des technosciences*, Paris, La Découverte, 2014.

Collectif, *Histoire globale, un autre regard sur le monde*, Editions sciences humaines, 2015.

Collectif, *L'avenir aujourd'hui dépend-il de nous* ? Textes réunis par R.P. Droit, Paris, Le Monde-Editions, 1995.

Collectif : Préface de François Dagognet, *Vers la fin de l'homme* ? Editions De Boeck Université, 2006.

Collectif, *Le monde dans 100 ans. Des économistes de renom prédisent l'avenir* [2013] Economica, 2015.

Collectif, *De quoi l'avenir intellectuel sera-t-il fait ? Enquêtes 1980, 2010,* Le débat, Gallimard, 2010.

Collectif, *L'avenir* : Actes du XXIe congrès de l'Association des sociétés de philosophe de langue française, à Athènes en 1986. Paris, Vrin, 1987.

Collectif : Forum Le Monde Le Mans 1994, *L'avenir aujourd'hui dépend-t-il de nous* ? Textes réunis et présentés par RP Droit, Le Monde Editions Paris 1995.

Delmas-Marty, Mireille, *Résister, responsabiliser, anticiper*, Seuil, 2013.

Delmas-Marty, Mireille, *Vers un droit commun de l'humanité*, [1995], Textuel, 2005.

Delmas-Marty Mireille et Supiot, Alain, *Prendre la responsabilité au sérieux*, PUF, 2015.

Delmas-Marty, Mireille, *Aux quatre vents du monde. Petit guide de navigation sur l'océan de la mondialisation*, Seuil, 2016.

Delsol, Chantal, *Les pierres d'angle. A quoi tenons-nous* ? Paris, Les éditions du cerf, 2014.

Delsol, Chantal, *L'âge du renoncement*, Paris, Les éditions du cerf, 2011.

Diamond, Jared, *Effondrements*, Folio essais, 2005

Desroches, Dominic, *Penser le temps politique, entretiens avec D. Innerarity,* Presses Univ. de Laval, 2011.

Dufour, Dany-Robert, *L'individu qui vient... après le libéralisme*, Denoël, 2011.

Dufour, Dany-Robert, *Il était une fois le dernier homme*, 2012, Denoël, 2012.

Dufour, Dany-Robert, *La situation désespérée du présent me remplit d'espoir.* Le bord de l'eau, 2016.

Dufourmantelle, Anne, *La vocation prophétique de la philosophie*, Paris, Les éditions du cerf, 1998.

Dupuy, Jean Pierre, *Pour un catastrophisme éclairé. Quand l'impossible devient certain*, Paris, Seuil, 2002.

Dupuy, Jean-Pierre, *La marque du sacré*, Flammarion, 2008.

Duterne, Renaud, *La fragmentation du monde. De quoi l'effondrement est-il le nom ?* Utopia, 2016.

Dyens, Olivier, *La condition inhumaine, essai sur l'effroi technologique,* Flammarion, 2008.

Elias, Norbert, *La dynamique de l'occident* [1939], Paris, Presses Pocket, 2003.

Elias, Norbert, *Du temps* [1984], Paris, Fayard, 1997.

Elias, Norbert, *L'utopie*, La Découverte, Paris, 2009.

Eribon, Didier, *Principes d'une pensée critique*, Fayard, 2016.

Foessel Michael, *Après la fin du monde, critique de la raison apocalyptique,* Seuil, 2012.

François. Lettre Encyclique du Souverain Pontife François, *Loué sois-tu. Sur la sauvegarde de la maison commune,* 2015.

Friedman, Thomas L, *La terre est plate, une brève histoire du XXIème siècle,* Londres, Editions Perrin, 2006.

Freud, Sigmund, *L'avenir d'une illusion*, [1927], Points, 2011.

Fusaro, Diego, *L'Europe et le capitalisme. Pour rouvrir le futur*, Editions Mimésis Philosophie, 2016.

Gadrey, Jean et Jany-catrice, Florence, *Les nouveaux indicateurs de richesse*, La découverte, 2005.

Gauchet, Marcel, *Le désenchantement du monde*, [1985], Gallimard, 2012.

Gauchet, Marcel, *La Religion dans la démocratie*, Gallimard, 2001.

Gauchet, Marcel, *L'avènement de la démocratie I, la révolution moderne,* folio essais, 2007.

Gauchet, Marcel, *L'avènement de la démocratie II, la crise du libéralisme,* folio essais, 2007.

Gauchet, Marcel, *L'avènement de la démocratie III, à l'épreuve des totalitarismes*, folio essais, 2007.

Georgescu-Roegen, Nicholas : *La décroissance. Entropie – écologie – économie.* [1979], Paris, Sang de la Terre, 2011.

Giddens, Anthony, *Les conséquences de la modernité*, Paris, L'Harmattan, 1994.

Girard, René, *Achever Clausewitz*, Camps Essais, 2011.

Gorz, André, *Bâtir la civilisation du temps libre*, Les liens qui libèrent, 2013.

Gorz André, *Ecologica*, Galilée, 2003.

Gorz, André, *Misères du présent, richesse du possible*, Paris, Galilée, 1997.

Gorz, André (Direction Christophe Fourel), *Un penseur pour le XXIème siècle*, La Découverte, 2012.

Habermas Jürgen, *Raison et légitimité. Problèmes de légitimation dans le capitalisme avancé*, Paris, Payot, 1988.

Habermas, Jürgen, *Après l'état-nation, une nouvelle constellation politique,* [1998], Fayard/Pluriel, 2013.

Hadjadj, Fabrice, *Puisque tout est en voie de destruction*, Le passeur, 2014.

Hamilton, Clive, *Requiem pour l'espèce humaine, face à la réalité du changement climatique*, Les presses SciencesPo., 2013.

Hariri, Yaval Noah, *Sapiens. Une brève histoire de l'humanité*, Albin Michel, 2015. (3.6)

Hartog, François, *Régimes d'historicité. Présentisme et expériences du temps,* Paris, Seuil, 2003.

Heidegger, Martin, *Essais et conférences*, [1954], Paris, Gallimard, 1958.

Hottois, Gilbert, *l'inflation du langage dans la philosophie contemporaine,* Université de Bruxelles, 2011.

Hottois, Gilbert, *Le transhumanisme est-il un humanisme* ? L'académie en poche, 2014.

Innerarity, Daniel, *Le futur et ses ennemis. De la confiscation de l'avenir à l'espérance politique*, Paris, Climats Flam., 2008.

Innerarity, Daniel, *La société invisible*, Québec, Laval, PUL, 2012.

Innerarity, Daniel, *La démocratie sans l'état. Essai sur le gouvernement des sociétés complexes*, Climats, 2006.

Innerarity, Daniel, *Ethique de l'hospitalité*, Québec, Laval, PUL, 2009.

Innerarity, Daniel, *Démocratie et société de la connaissance*, Grenoble, PUG, 2015.

Jonas, Hans, *Le principe responsabilité, une éthique pour la civilisation technologique*, [1979], Paris, éd. du Cerf, 1990.

Jonas, Hans, *Pour une éthique du futur*, [1993], Payot & Rivages, 1998.

Jonas, Hans, *Habiter le monde, par Robert* Theis, Editions Michalon, 2008.

Jorion, Paul, *Le dernier qui s'en va éteint la lumière – Essai sur l'extinction de l'humanité*, Fayard, 2016.

Kant, Emmanuel, *Idée d'une histoire universelle au point de vue cosmopolitique,* Paris, Bordas, 1988.

Kant, Emmanuel, *Qu'est-ce que les Lumières* ?, Paris, Hatier, 2007.

Kant, Emmanuel, *Vers la paix perpétuelle*, Paris, Hatier, 2007.

Kempf, Hervé*, Fin de l'Occident, naissance du monde*, Seuil, 2013.

Koronéos, Faut-*il inventer le réel ? Etude sur le principe*, Editions le Grand souffle, 2007.

Koselleck, Reinhardt, *Le futur passé. Contribution à la sémantique des temps historiques,* [1979], éditions EHESS, Paris.

Kurzweil, Ray, *Humanité* 2.0, M21 Editions, 2007.

Laïdi, Zaki, *Le sacre du présent*, Flammarion, 2000.

Latouche, Serge, *Le pari de la décroissance*, Fayard, 2006.

Latouche, Serge, *Survivre au développement*, Mille et une nuits, 2004.

Latouche, Serge, *L'âge des limites*, Editions Mille et une nuits, 2012

Latour, Bruno, *Politiques de la nature, Comment faire entrer les sciences en démocratie*, La découverte, 1999

Latour, Bruno, *Nous n'avons jamais été modernes, Essai d'anthropologie symétrique* [1991], Paris, La Découverte, 1997.

Latour, Bruno, *Enquête sur les modes d'existence. Une anthropologie des modernes*, Paris, La Découverte, 2012.

Latour, Bruno, *Face à Gaïa, huit conférences sur le nouveau régime climatique*, La découverte, 2015

Lebeau, André, *l'enfermement planétaire*, Gallimard, 2008.

Lebeau, André, *L'engrenage de la technique*, Gallimard, 2005.

Lebeau, André, *Les horizons terrestres. Réflexion sur la survie de l'humanité*, Gallimard, 2011.

Lecourt, Dominique, *Humain, post-humain*, PUF, 2003(3.5)

Lecourt, Dominique, *L'avenir du progrès*, Paris, Textuel, 1997.

Lenoir, Frédéric, *La guérison du monde*, Fayard, 2012.

Lista, Giovanni, *Qu'est-ce que le futurisme,* textes et manifestes, Essais folio, 2015.

Lordon, Frédéric, *Jusqu'à quand? Pour en finir avec les crises financières*, Raisons d'agir, 2008.

Lorius, Cl. Carpentier, Laurent, *Voyage dans l'anthropocène, cette nouvelle ère dont nous sommes les héros*, Actes Sud, 2010.

Lovelock, James, *La revanche de Gaïa*, [1979], Flammarion, 2007.

Lussault, Michel, *L'avènement du monde, essai sur l'habitation humaine de la terre*, Seuil, 2013.

Madisson Angus, *L'économie mondiale : statistiques historiques,* OCDE, Etudes du centre de dévelop., 2003.

Maffesoli, Michel, *Le réenchantement du monde*, La table ronde, 2007.

Marion, Louis, *Comment exister encore ? Capital, technoscience et domination,* Eco société, 2015.

Mattelart, Armand, *Histoire de l'utopie planétaire - De la cité prophétique à la société globale*, Paris, La découverte, 1999

Meadows, Donella, Meadows, Dennis, Randers, Jorgen, « Rapport au Club de Rome », *Halte à la croissance ? Rapport sur les limites de la croissance* (The Limits to Growth) [1972], Paris, Fayard, 1973.

Meadows, Donella, Meadows, Dennis, Randers, Jorgen, *Les limites à la croissance (dans un monde fini), le rapport Meadows, 30 ans après*, [2004], Paris, éditions Rue de l'échiquier, 2012.

Méheust, Bertrand, *La politique de l'oxymore*, La découverte, 2009.

Meillassoux, Quentin, *Après la finitude, essai sur la nécessité de la contingence,* Seuil, 2006.

Michéa, Jean-Claude, *L'empire du moindre mal. Essai sur la civilisation libérale,* Champs Essais, Flammarion, 2010.

Milner, Jean-Claude, *L'universel en éclat, court traité politique 3*, Verdier, 2014.

Montebello, Pierre, *Métaphysiques cosmomorphes* - La fin du monde humain, Drama, 2015.

Montebello, Pierre, *L'autre métaphysique*, [2003], Collection Drama, 2016.

Morin, Edgar, *Introduction à la pensée complexe*, [1990], Paris, Seuil, 2005

Morin, Edgar, *La voie, pour l'avenir de l'humanité*, Fayard, 2011.

Morin, Edgar, *Penser global. L'humain et son univers*, Robert Laffont, 2015.

Morin, Edgar, *Ecologiser l'homme*, Lemieux éditeur, 2016.

Mororov, Evgeny, *Le mirage numérique. Pour une politique du Big Data,* Les prairies ordinaires, 2015

Mumford, Lewis, *Les transformations de l'homme*, [1956], Paris, Edition de l'encyclopédie des nuisances, 2008.

Mumford, Lewis, *Technique et civilisation*, [1934], Parenthèses, 2016.

Musso, Pierre, *La Religion industrielle. Monastère, manufacture, usine. Une généalogie de l'entreprise*. Fayard, 2017.

Negri, Antonio et Hardt, Michaele, *Commonwealth*, Gallimard, 2012.

Negri, Antonio, Michael Hardt, *Empire*, Collection 10/18, Exils, 2000.

Neyrat, Frédéric, *Homo Labyrinthus. Humanisme, antihumanisme, posthumanisme,* Editions Deshors, 2015

Neyrat, Frédéric, *La part inconstructible de la terre. Critique du géo constructivisme,* Seuil, 2016.

Nora, Dominique, *Sur le monde de demain. Lettre à mes parents*, Grasset, 2015.

Ortéga y Gasset, José, *L'histoire comme système*, Allia, 2016.

Patocka, Jan, *Essais hérétiques, sur la philosophie de l'histoire*, Lagrasse, Editions Verdier, 1990.

Patocka, Jan, *L'art et le temps*, P.O.L., Essais, 1991.

Pitch, Georg, *Réflexions au bord du gouffre*, [1969], Paris, Robert Laffont, 1970.

Polanyi, Karl, *La grande transformation*, [1944], Gallimard, 1983.

Oreskes, Noami, Conway, Erik M. *Les marchands de doute*, Le pommier, 2014.

Pestre, Dominique, *Science, argent, politique, un essai d'interprétation,* Paris, INRA Editions, 2003.

Pestre, Dominique, *A contre-science. Politiques et savoirs des sociétés contemporaines*, Seuil, 2013.

Picq, Pascal, *L'avenir du passé : Modernité de l'archéologie*, La Découverte, 2013.

Pomian, Krzysztof, *Sur l'histoire*, (comprenant « La crise de l'avenir »), Folio, 1999.

Pomian, Krzysztof, *L'Ordre du temps*, Paris, Gallimard, 1984.

Revault d'Allonnes, Myriam, *La crise sans fin, essai sur l'expérience moderne du temps,* Seuil, 2012.

Rifkin, Jeremy, *La troisième révolution industrielle*, [2011], Paris, Les liens qui libèrent, 2012.

Rifkin, Jeremy, *La nouvelle société du coût marginal zéro*, Babel, 2014.

Rist, Gilbert, *Le développement, histoire d'une croyance occidentale*, Paris, Presses de Sciences Po, 2007 (édition revue).

Rist, Gilbert, *L'économie ordinaire entre songes et mensonges*, Paris, Les presses de Science Po, 2010.

Rosanvallon, Pierre, *Pour une histoire conceptuelle du politique*, Paris, Seuil, 2003.

Rosanvallon, Pierre, *La Société des égaux*, Paris, Seuil, 2011.

Rosanvallon, Pierre, *La contre-démocratie, la politique à l'âge de la méfiance*, Seuil, 2006.

Rosanvallon, Pierre, *La société des égaux*, Seuil, 2011 (3.0)

Sassen, Saskia, *La globalisation, une sociologie*, Essais, Gallimard, 2009.

Schwärgerl, Christian, *L'âge de l'homme – Construire le monde à l'heure de l'Anthropocène*, Manifestô Alternatives, 2012.

Semprun, Jaime et Riesel, René, *Catastrophisme, administration du désastre et soumission durable,* Encyl. des nuisances, 2008

Sen, Amartya, *Repenser l'inégalité* [1992], trad. P. Chemla, Paris, Seuil, 2000.

Sen, Amartya, *Un nouveau modèle économique. Développement, justice, liberté,* Odile Jacob, 2003.

Sen, Amartya, *L'idée de justice*, Paris, Flammarion, 2010.

Serres, Michel, *Le gaucher boiteux, puissance de la pensée*, Le Pommier, 2015.

Simonin, Jean-François, *Anticiper à l'ère de l'anthropocène. Apprendre à défataliser l'avenir au XXIe siècle*, L'Harmattan, 2016.

Sloterdijk, Peter, *Règles pour le parc humain et La domestication de l'Etre,* Mille et une nuits, 2000.

Sloterdijk, Peter, *La mobilisation infinie*, Points, 2000.

Sloterdijk, Peter, *Le palais de cristal*, [2005], Pluriel, 2010.

Sloterdijk, Peter, *Tu dois changer ta vie*, Paris, Libella, 2011.

Sloterdijk, Peter, *La folie de Dieu*, [2007], Pluriel, 2012.

Sloterdjick, Peter, *Colère et temps*, Pluriel, 2007.

Stengers, Isabelle, *Au temps des catastrophes*, La découverte, 2099.

Stiegler, Bernard, *Ars industrialis, - Réenchanter le monde,* Flammarion, 2006.

Stiegler, Bernard, *Ce qui fait que la vie vaut la peine d'être vécue,* Flammarion, 2011.

Stiegler, Bernard, *Dans la Disruption. Comment ne pas devenir fou ?* LLL, 2016.

Supiot, Alain, *L'esprit de Philadelphie. La justice sociale face au marché total*, Seuil, 2010.

Supiot, Alain, *La gouvernance par les nombres*, Fayard, 2015.

Taguieff, Pierre-André, *L'effacement de l'avenir*, Paris, Galilée, 2000.

Taguieff, Pierre-André, *Le sens du progrès. Une approche historique et philosophique,* Paris, Ed. Flammarion, 2004.

Taguieff, Pierre-André, *Du progrès*, Paris, Librio, 2001.

Tainter, Joseph A. *L'effondrement des sociétés complexes*, [1988], La Fenderie, Aube, Le retour aux sources, 2013.

Taleb, Nassim Nicholas, *Le cygne noir, la puissance de l'imprévisible*, Paris, Les belles Lettres, 2007

Taleb, Nassim Nicholas, *Force et fragilité, réflexions philosophiques et empiriques,* Paris, Les belles lettres, 2010.

Tocqueville A. de, *De la démocratie en Amérique* [1840], vol. 1 et 2, Paris, Gallimard, Folio, 1961

Valéry, Paul, *Regards sur le monde actuel et autres essais*, [1945], Œuvres II, Paris, Gallimard, Essais, 2009.

Valéry, Paul, *Variété I et II,* [1924], dont « La crise de l'esprit », Essais, 2009.

Valéry, Paul, *Variétés III, IV et V*, [respectivement 1936, 1938 et 1944] Folio, Essais, 2010.

Vallaeys, François, *Pour une vraie responsabilité sociale*, Puf, 2015.

Virillio, Paul, *La Vitesse de Libération*, Paris, Galilée, 1995.

Virillio, Paul, *Le Futurisme de l'instant*, Paris, Galilée, 2009.

Virilio, Paul, *Le grand accélérateur*, Galilée, 2010.

Wallerstein, Immanuel, *Comprendre le monde : Introduction à l'analyse des systèmes-monde*, Paris, La Déc., 2006.

Wieviorka, Michel, (sous la direction de), *L'avenir*. Sciences humaines Editions, 2015.

Wieviorka, Michel (Dir.), *Penser global. Internationalisation et globalisation des sciences humaines et sociales*, Ed. MHS, 2016.

Viveret, Patrick, *La cause humaine. Du bon usage de la fin d'un monde,* Les liens qui libèrent, 2012.

Vivaret, Patrick, *Pourquoi ça ne va pas plus mal* ? Fayard, 2005.

Vivaret, Patrick, *Reconsidérer la richesse*, L'aube, 2010.

Wagner, Peter, *Sauver le progrès. Comment rendre l'avenir à nouveau désirable ?* La Découverte, 2016.

Weber, Max, *Le savant et le politique*, [1959], Paris, Editions 10/18, Département d'Univers Poche, 1963.

Weber, Max, *L'éthique protestante et l'esprit du capitalisme*, Paris, Gallimard, 2003.

Weisman, Alan, *Homo disparitus*, Paris, Flammarion, 2007.

Zarka, Yves Charles, *L'inappropriabilité de la Terre, Principe d'une refondation philosophique*, Armand Colin, 2013.

Zarka, Yves Charles, *Refonder le cosmopolitisme*, PUF, 2014.

Table des matières

Philosophie

aux éditions L'Harmattan

Dernières parutions

L'ALIÉNATION DANS LA *PHÉNOMÉNOLOGIE DE L'ESPRIT*
Foufas Nikos
Cet ouvrage propose une lecture méthodique de la place centrale et des sens multiples de l'aliénation et de l'extériorisation dans la *Phénoménologie de l'esprit* de Hegel. Quelle est la place de ces notions dans l'oeuvre majeure du philosophe allemand ? L'auteur tente ainsi de mettre l'accent tantôt sur l'aspect et l'enracinement profondément social-historique de ces deux notions.
(Coll. Ouverture Philosophique, 25.00 euros, 334 p.)
ISBN : 978-2-343-11884-0, ISBN EBOOK : 978-2-14-003476-3

DELEUZE, PHILOSOPHE DES MULTIPLICITÉS
Sous la direction de Franck Jedrzejewski et Jean-Clet Martin
Le recueil de textes présentés ici reprend l'hommage organisé pour le vingtième anniversaire de sa mort, le 4 novembre 2015 au Lycée Henri IV. Ils témoignent de l'effort toujours renouvelé des philosophes pour saisir la pensée deleuzienne. Rassemblés dans cet ouvrage, ils offrent une contribution majeure aux études deleuziennes.
(Coll. Ouverture Philosophique, 22.50 euros, 208 p.)
ISBN : 978-2-343-11811-6, ISBN EBOOK : 978-2-14-003453-4

LA HAINE – Est-elle si haïssable ?
Oulahbib Lucien-Samir
«La répulsion est la première forme de la conscience de soi-même», avançait Marx. Ce qui peut se traduire par un mouvement de rejet à des fins de préservation de soi. Mais cela n'empêche pas d'être attiré par l'autre, ce qui d'ailleurs renforce notre originalité. Attraction et répulsion s'articulent ainsi en vue de nous forger une identité. Le fait de se mettre à distance du monde, de s'en distinguer, ne signifie cependant pas de s'en séparer, de l'annihiler, de devenir «haineux».
(Coll. Commentaires philosophiques, 10.00 euros, 64 p.)
ISBN : 978-2-343-11668-6, ISBN EBOOK : 978-2-14-003494-7

L'IRAN AUTREMENT
Des conflits philosophiques à l'iconophobie
Rokoee Reza
Ce livre entreprend une analyse de la pensée philosophique en Iran et propose une lecture de quelques problématiques actuelles. L'ouvrage offre un aperçu de

l'histoire des idées en Iran moderne et contemporain et s'intéresse notamment à la question de l'iconoclasme à travers un syndrome qualifié d'iconophobie.
(Coll. L'Iran en transition, 31.00 euros, 310 p.)
ISBN : 978-2-343-09220-1, ISBN EBOOK : 978-2-14-003393-3

JE EST UN AUTRE
L'art contemporain en Chine & en France
Sous la direction d'Éric Bonnet et Qing Chen
«Je est un autre». Cette déclaration d'Arthur Rimbaud en 1871 vient troubler nos définitions traditionnelles de l'identité, des pratiques poétiques et de la création artistique. Des artistes chinois et des théoriciens français ont réfléchi aux enjeux actuels de cette déclaration révolutionnaire. Dans le nouveau contexte interculturel, entre l'art occidental et l'art extrême-oriental, une réflexion sur l'identité et l'altérité permet alors d'explorer les possibilités du soi et de construire une possible identité partagée dans le domaine de l'art contemporain.
(Coll. Eidos série Retina, 13.50 euros, 116 p.)
ISBN : 978-2-343-11776-8, ISBN EBOOK : 978-2-14-003446-6

JUSTICE EN TANT QUE LOI, JUSTICE AU-DELÀ DE LA LOI
Hobbes, Derrida et les Critical Legal Studies
Tunc Utebay Serpil - Préface de Martine Leibovici
Cet ouvrage donne une place importante à l'idée de la justice selon deux philosophes : selon la théorie de Thomas Hobbes elle est prise dans un cercle entre la loi, le souverain et la violence, tandis que, pour Jacques Derrida, elle ne doit pas être limitée à la loi. L'intention de l'auteure, n'est pas d'apporter une nouvelle théorie, mais de montrer qu'une idée philosophique peut avoir une influence en politique ou en droit selon les propositions des Critical Legal Studies.
(Coll. La philosophie en commun, 27.00 euros, 262 p.)
ISBN : 978-2-343-11471-2, ISBN EBOOK : 978-2-14-003515-9

LE MANIFESTE DES ESPRITS LIBRES
Granarolo Philippe
L'un des pires effets des attentats djihadistes est de déformer notre regard. Envahissant l'espace médiatique, jeunes radicalisés et auteurs d'attentats-suicides tendent à nous faire oublier que la religion a disparu de l'horizon de la plupart d'entre nous. C'est à la majorité indifférente aux croyances religieuses que cet essai donne enfin la parole, car, en effet, les citoyens sans religion demeurent le plus solide rempart contre tous les intégrismes.
(Coll. Questions contemporaines, 18.50 euros, 174 p.)
ISBN : 978-2-343-11752-2, ISBN EBOOK : 978-2-14-003506-7

MARCHER
Écouter ce que nos pas nous disent
Essai
Lefebvre Gérard
Page après page, et pas après pas, cet ouvrage est une invitation à écouter ce que nos pas nous disent. Écouter ce qu'ils disent de nous, de notre corps et de nos

pensées. Ce qu'ils nous disent aussi de l'état du monde, de nos certitudes, de nos aspirations et de nos limites. Somme toute, un prétexte pour se laisser aller à deviser le long des chemins.
(22.00 euros, 216 p.)
ISBN : 978-2-343-11547-4, ISBN EBOOK : 978-2-14-003401-5

MISE EN SCÈNE D'UN CORPS PERFORMATIF
Entre identité & altérité
Chen Qing - Préface d'Éric Bonnet
L'enjeu de la représentation en images du corps et l'utilisation du propre corps de l'artiste comme support de création est une réaction à l'échec communicationnel contemporain. Le dispositif artistique peut-il déjouer, pour un moment au moins, la puissance d'aliénation qui veut que l'on se conforme à une certaine idée du corps, à ce «corps social» ? Peut-il permettre une certaine construction identitaire ? Montrer le portrait, l'autoportrait et le corps de différentes façons, manipuler ces codes permettent à l'artiste de réfléchir sur sa propre identité dans une société, tout en interrogeant la relation du «soi» au «nous».
(Coll. Eidos série Retina, 20.50 euros, 206 p.)
ISBN : 978-2-343-11119-3, ISBN EBOOK : 978-2-14-003450-3

L'ORIGINE DU RIRE
Discours comique et imaginaire
Essai d'analyse sémantique du mécanisme comique
Gavriloff Georges
Le rire obéit toujours à un mécanisme sémantique immuable niché dans les profondeurs du discours. Le comique passe par une pluralité de significations potentielles et se complaît à créer des émotions positives ou des réactions négatives. Il ne laisse pas indifférent. Sa fonction, au sein du langage, reste communicationnelle : communication avec les autres, mais aussi volonté de compréhension et de paix sociale. Cette étude nous fait découvrir la véritable porte d'entrée qu'est le comique dans l'univers social.
(Coll. Ouverture Philosophique, 19.00 euros, 182 p.)
ISBN : 978-2-343-11466-8, ISBN EBOOK : 978-2-14-003357-5

PAUL RICŒUR
Image de Dieu : Origine et déchéance (Tome 1)
Seo Hyejeong
Avant-propos d'Olivier Abel
Dans un de ses rares textes proprement théologiques, intitulé «L'image de Dieu et l'épopée humaine», essentiel dans l'étude critique de sa pensée, le philosophe Paul Ricœur réfléchit à l'image et à la signification de l'homme. Reprenant l'idée que le sujet humain, fait à l'image de Dieu, est un être solidaire, dynamique et responsable, il le montre à la fois «individuel et collectif». Ce premier ouvrage est consacré au concept de l'image de Dieu et de sa déchéance, à la question du bien et du mal.
(Coll. Ouverture Philosophique, 29.00 euros, 288 p.)
ISBN : 978-2-343-11452-1, ISBN EBOOK : 978-2-14-003373-5

PAUL RICŒUR
Image de Dieu : Rédemption et Eschatologie (Tome 2)
Seo Hyejeong
Attaché au thème de l'homme individuel et collectif, Paul Ricoeur étend le concept de l'image de Dieu aux trois ordres institutionnels de l'économique, du politique et du culturel. Il élabore une synthèse harmonieuse entre le principe de la Création et celui de la Rédemption dans le domaine collectif et social. Cette conviction motive son engagement social dans une perspective progressiste. Cependant, il réserve l'achèvement de la rédemption à la fin du monde. Ce second volume permet d'ouvrir un nouvel horizon à l'éthique sociale et à l'histoire eschatologique.
(Coll. Ouverture Philosophique, 22.50 euros, 220 p.)
ISBN : 978-2-343-11766-9, ISBN EBOOK : 978-2-14-003374-2

LE POSITIVISME DE DAVID HUME
Ayissi Lucien
Établir que l'empirisme de David Hume est la formulation philosophique anticipée du positivisme qu'Auguste Comte va systématiser au XIXe siècle, tel est le dessein de l'auteur de cet ouvrage. En effet, sous l'influence de John Locke et, dans une certaine mesure, de Georges Berkeley, David Hume repense la philosophie de la connaissance de manière à bien baliser le terrain épistémologique sur lequel se sont aisément déployés non seulement le positivisme de Comte, mais aussi et surtout le néopositivisme que le Cercle de Vienne a élaboré de telle sorte qu'Alain Boyer puisse, à juste titre, considérer ses membres comme «les fils de Hume».
(Coll. Éthique, politique et science, 26.50 euros, 254 p.) *ISBN : 978-2-343-11457-6, ISBN EBOOK : 978-2-14-003430-5*

POUR UNE APPROCHE STRATÉGIQUE DES ESPACES POLITIQUES
Essai de philosophie politique
Cova Hans
Comment repenser l'action collective et l'unité des luttes à l'intérieur d'un contexte géopolitique aussi instable qu'incertain ? «Une approche stratégique des espaces politiques» ne signifie pas l'abandon de l'espace national. Elle exige une réflexion active se réalisant aux niveaux local, national, international. Résolument internationaliste, cette démarche n'est pas sans dessiner une nouvelle figure de la citoyenneté, fondée sur l'émancipation humaine.
(Coll. Ouverture Philosophique, 17.50 euros, 162 p.)
ISBN : 978-2-343-11704-1, ISBN EBOOK : 978-2-14-003391-9

L'HARMATTAN ITALIA
Via Degli Artisti 15; 10124 Torino
harmattan.italia@gmail.com

L'HARMATTAN HONGRIE
Könyvesbolt ; Kossuth L. u. 14-16
1053 Budapest

L'HARMATTAN KINSHASA
185, avenue Nyangwe
Commune de Lingwala
Kinshasa, R.D. Congo
(00243) 998697603 ou (00243) 999229662

L'HARMATTAN CONGO
67, av. E. P. Lumumba
Bât. – Congo Pharmacie (Bib. Nat.)
BP2874 Brazzaville
harmattan.congo@yahoo.fr

L'HARMATTAN GUINÉE
Almamya Rue KA 028, en face
du restaurant Le Cèdre
OKB agency BP 3470 Conakry
(00224) 657 20 85 08 / 664 28 91 96
harmattanguinee@yahoo.fr

L'HARMATTAN MALI
Rue 73, Porte 536, Niamakoro,
Cité Unicef, Bamako
Tél. 00 (223) 20205724 / +(223) 76378082
poudiougopaul@yahoo.fr
pp.harmattan@gmail.com

L'HARMATTAN CAMEROUN
TSINGA/FECAFOOT
BP 11486 Yaoundé
699198028/675441949
harmattancam@yahoo.com

L'HARMATTAN CÔTE D'IVOIRE
Résidence Karl / cité des arts
Abidjan-Cocody 03 BP 1588 Abidjan 03
(00225) 05 77 87 31
etien_nda@yahoo.fr

L'HARMATTAN BURKINA
Penou Achille Some
Ouagadougou
(+226) 70 26 88 27

L'HARMATTAN SÉNÉGAL
10 VDN en face Mermoz, après le pont de Fann
BP 45034 Dakar Fann
33 825 98 58 / 33 860 9858
senharmattan@gmail.com / senlibraire@gmail.com
www.harmattansenegal.com

www.ingramcontent.com/pod-product-compliance
Lightning Source LLC
LaVergne TN
LVHW010926061026
849535LV00007B/2258